Manuscritos
econômico-filosóficos
de 1844

Dados Internacionais de Catalogação na Publicação (CIP)
(Câmara Brasileira do Livro, SP, Brasil)

Marx, Karl, 1818-1993
  Manuscritos econômico-filosóficos de 1844 /
Karl Marx ; tradução Tomas da Costa. –
Petrópolis, RJ : Vozes, 2022. – (Vozes de Bolso)

  Título original : Ökonomisch-philosophische
Manuskripte aus dem Jahre 1844
  ISBN 978-65-5713-581-5

  1. Economia 2. Filosofia alemã I. Título
II. Série.

22-102303   CDD-193

Índices para catálogo sistemático:
1. Filosofia alemã   193

Aline Graziele Benitez – Bibliotecária – CRB-1/3229

Karl Marx

Manuscritos econômico-filosóficos de 1844

Tradução de Tomas da Costa

Vozes de Bolso

Tradução realizada a partir do original em alemão intitulado
Ökonomische-philosophische Manuskripte aus dem Jahre 1844.

© desta tradução:
2022, Editora Vozes Ltda.
Rua Frei Luís, 100
25689-900 Petrópolis, RJ
www.vozes.com.br
Brasil

Todos os direitos reservados. Nenhuma parte desta obra poderá
ser reproduzida ou transmitida por qualquer forma e/ou
quaisquer meios (eletrônico ou mecânico, incluindo fotocópia
e gravação) ou arquivada em qualquer sistema ou banco de dados
sem permissão escrita da editora.

CONSELHO EDITORIAL

Diretor
Gilberto Gonçalves Garcia

Editores
Aline dos Santos Carneiro
Edrian Josué Pasini
Marilac Loraine Oleniki
Welder Lancieri Marchini

Conselheiros
Francisco Morás
Ludovico Garmus
Teobaldo Heidemann
Volney J. Berkenbrock

Secretário executivo
Leonardo A.R.T. dos Santos

Diagramação: Daniela Alessandra Eid
Revisão gráfica: Nilton Braz da Rocha
Capa: Ygor Moretti

ISBN 978-65-5713-581-5

Este livro foi composto e impresso pela Editora Vozes Ltda.

Sumário

Prefácio, 7

[PRIMEIRO MANUSCRITO], 11

  Salário, 11

  Lucro do capital, 30

    1. O capital, 30

    2. O ganho do capital, 31

    3. A dominação do capital sobre o trabalho e os motivos do capitalista, 36

    4. A acumulação dos capitais e a concorrência entre os capitalistas, 37

  Renda fundiária, 52

  [O trabalho estranhado], 72

[SEGUNDO MANUSCRITO], 91

  [A relação da propriedade privada], 91

[TERCEIRO MANUSCRITO], 101

  [Propriedade privada e trabalho], 101

  [Propriedade privada e comunismo], 106

  [Carência, produção e divisão do trabalho], 125

  [Dinheiro], 148

  [Crítica da dialética e da filosofia hegelianas em geral], 155

Glossário, 185

Notas, 187

Prefácio

||XXXIX| Nos *Anais franco-alemães* anunciei a crítica da ciência do direito e do Estado sob a forma de uma crítica da filosofia do direito *hegeliana*. Na preparação para a impressão, a mescla da crítica – dirigida apenas à especulação – com a crítica mesma das diversas matérias se mostrou inteiramente inapropriada, inibitiva ao desenvolvimento, dificultante do entendimento. Ademais, só de uma maneira totalmente aforística que a riqueza e a diversidade dos objetos a serem tratados teriam permitido a condensação em um escrito, assim como tal exposição aforística teria gerado, por seu lado, a *aparência* de um sistematizar arbitrário. Eis por que deixarei a crítica do direito, da moral, da política etc. seguirem-se umas às outras, em diversas brochuras independentes, e, então, tentarei apresentar novamente, em um trabalho específico, a conexão do todo, a relação das partes individuais, bem como, por fim, a crítica da elaboração especulativa desse material. No presente escrito, por essa razão, a relação da economia nacional com o Estado, o direito, a moral, a vida civil etc. só se encontra referida justamente até o ponto em que a própria teoria da economia nacional, *ex professo*, refere-se a esses objetos.

Ao leitor, familiarizado com a economia nacional, não tenho de assegurar inicialmente que meus resultados foram obtidos mediante uma análise totalmente empírica, fundada em um minucioso estudo crítico da economia nacional.

⟨Em contrapartida, o comentador inexperiente, que busca esconder sua completa ignorância e sua carência de ideias na medida em que afronta o crítico positivo com a frase *"frase utópica"*, ou também com frases como "a crítica totalmente pura, totalmente determinada, totalmente crítica", a "sociedade não apenas legal, mas social, totalmente social", as "massas compactas massivas", os "porta-vozes que portam a voz da massa massiva" – ainda falta a esse comentador apresentar a primeira prova de que, fora dos seus assuntos teológicos familiares, ele tenha alguma palavra a dizer também em assuntos *mundanos*.⟩[1]

É evidente que também utilizei trabalhos socialistas alemães, além dos socialistas franceses e ingleses. No entanto, os substanciosos e *originais* trabalhos alemães relativos a essa ciência – fora os escritos de Weitling – reduzem-se aos estudos de Hess publicados em *21 folhas* e aos *Esboços para a crítica da economia nacional* de Engels nos *Anais franco-alemães*, onde também eu aludi, de maneira bem geral, aos primeiros elementos do presente trabalho.

⟨Além de a esses escritores que se ocuparam criticamente com a economia nacional, a crítica positiva em geral, portanto, também a crítica positiva alemã da economia nacional, deve sua verdadeira fundamentação às descobertas de Feuerbach; a inveja mesquinha de um e a real ira de outro parecem ter provocado um verdadeiro complô, voltado à *dissimulação*, contra os seus *Filosofia do futuro* e *Teses sobre a reforma da filosofia* nos *Anekdota* – por mais que sejam utilizados de modo implícito.⟩

De Feuerbach data, primeiramente, a crítica positiva humanista e naturalista. Quanto mais discreta, tanto mais segura, aprofundada, extensa e sustentável é a eficácia dos escritos *feuerbachianos*, os únicos escritos desde a *Fenomenologia* e a *Lógica* de Hegel a conterem uma revolução teórica efetiva.

Em contraste com os *teólogos críticos* do nosso tempo, considerei o capítulo final do presente escrito, o exame da *dialética* e da filosofia *hegelianas* em geral, como absolutamente necessário; | |XL| ainda não foi realizado nenhum trabalho do tipo – uma *indiligência* necessária, pois mesmo o teólogo *crítico* continua *teólogo*, ou seja, ou ele tem de partir de determinados pressupostos da filosofia como uma autoridade, ou então, se no processo da crítica e mediante descobertas alheias tiverem lhe surgido dúvidas referentes aos pressupostos filosóficos, ele os abandona de maneira covarde e injustificada, *abstrai* deles, manifesta de maneira somente negativa, inconsciente e sofística sua servidão aos mesmos e a arrelia trazida por essa servidão.

⟨Expressa de maneira apenas negativa e inconsciente, em parte na medida em que ele constantemente reitera a garantia da *pureza* da sua própria crítica, em parte na medida em que, para afastar o olho do observador, assim como seu próprio olho, do exame *necessário* da *crítica* acerca do seu local de origem – a *dialética* hegeliana e a filosofia alemã em geral –, dessa investigação necessária da crítica moderna acerca das suas próprias limitação e naturalidade, ele busca antes criar a aparência de que a crítica só teria ainda que ver com uma forma limitada da crítica além dela – como da do século XVIII – e com a limitação da *massa*. Por fim, na medida em que o teólogo crítico, quando são feitas descobertas sobre a essência dos seus próprios pressupostos filosóficos – como os feuerbachianos –, em parte dá a impressão de que ele o teria logrado, e dá essa impressão na medida em que ele lança os resultados dessas descobertas – na forma de *apontamentos*, sem conseguir desenvolvê-los – contra escritores ainda atidos à filosofia, em parte consegue alcançar a consciência até da sua sublimidade ante essas descobertas, não na medida em que tenha propriamente buscado ou talvez conseguido colocar, então, na relação correta elementos da *dialética* hegeliana dos quais ele ainda sinta falta nessa crítica da mesma – que ainda não lhe sejam oferecidos criticamente à fruição –, mas na medida em que os sustenta de maneira indireta, maliciosa e cética contra essa crítica da dialética hegeliana, como, portanto, a categoria da prova mediatizante contra a categoria da verdade positiva que começa por si mesma, [...] na forma que lhe é *peculiar*, à maneira do segredeiro. Pois o crítico teológico acha totalmente natural que, do lado filosófico, tudo esteja por *fazer*, para que possa *palrar* sobre a pureza, sobre a determinação, sobre a crítica totalmente crítica, e ele se considera o verdadeiro *superador da filosofia* quando, por exemplo, *sente* que um elemento de Hegel carece de Feuerbach, pois o crítico teológico não vai além da sensibilidade à consciência, por mais que pratique a idolatria espiritual da *"consciência-de-si"* e do "espírito".)

Considerada com rigor, a *crítica teológica*, em última instância – por mais que no começo do movimento ela fosse um momento efetivo do progresso –, não é outra coisa senão a consequência e a culminação, distorcida em *caricatura teológica*, da antiga *transcendência filosófica* e, particularmente, *hegeliana*. Em outra oportunidade, demonstrarei nos pormenores essa nêmesis histórica, essa interessante justiça da história, que agora, também, determina a teologia, desde sempre a nódoa putrefata da filosofia, a apresentar, em si, a decomposição negativa da mesma – isto é, seu processo de putrefação.

⟨Em contrapartida, até que ponto as descobertas de Feuerbach sobre a essência da filosofia – ao menos sobre sua prova – ainda tornaram necessário um exame crítico da dialética filosófica, isso será depreendido do meu desenvolvimento mesmo.⟩ ||XL|

[Primeiro Manuscrito]

Salário

|I| *Salário* é determinado pela luta hostil entre capitalista e trabalhador. A necessidade da vitória para o capitalista. Capitalista logra viver por mais tempo sem o trabalhador do que este sem aquele. União entre os capitalistas [é] habitual e de efeito; a dos trabalhadores, proibida e de más consequências para eles. Além disso, o proprietário fundiário e o capitalista podem acrescentar vantagens industriais aos seus réditos, o trabalhador não logra acrescentar nem renda fundiária nem juro de capital à sua remuneração industrial. Por isso, a tão grande concorrência entre os trabalhadores. Assim, a separação entre capital, propriedade fundiária e trabalho é uma separação necessária, essencial e nociva apenas para o trabalhador. Capital e propriedade fundiária não precisam permanecer nessa abstração, mas decerto o precisa o trabalho do trabalhador.

Para o trabalhador, portanto, [é] fatal a separação entre capital, renda fundiária e trabalho.

O nível mais baixo e unicamente necessário do salário é o da subsistência do trabalhador durante o trabalho, e o tanto mais para que ele consiga sustentar uma família e para que a raça dos trabalhadores não se extinga. Segundo Smith, o salário ordinário é o menor que seja compatível com a humanidade comum[2], ou seja, com uma existência animal.

A demanda por seres humanos regula necessariamente a produção de seres humanos, como a de qualquer outra mercadoria. Se a oferta for muito maior do que a demanda, uma parcela dos trabalhadores cai na mendicância ou sucumbe à morte por fome. A existência do trabalhador, portanto, é reduzida à condição de existência própria a qualquer outra mercadoria. O trabalhador se tornou uma mercadoria, e para ele é um fortúnio quando logra se vender. E a demanda, da qual depende a vida do trabalhador, depende do capricho dos ricos e capitalistas. Se a quantidade da oferta excede a demanda, então uma das partes constituintes do preço – lucro, renda fundiária, salário – é paga abaixo do *preço*, ou seja, uma parte desses rendimentos se furta a essa aplicação, e assim o preço de mercado gravita em direção ao preço natural como ponto central. Mas 1. se o mais difícil para o trabalhador, em uma grande divisão do trabalho, é dar outro rumo ao seu trabalho, 2. a desvantagem o acomete, antes de tudo, em sua relação subalterna com o capitalista.

Na gravitação do preço de mercado em direção ao preço natural, portanto, o trabalhador perde em maior grau e de modo incondicional. E justamente a capacidade do capitalista em dar outro rumo ao seu capital deixa o trabalhador[3] – restrito a um ramo de trabalho determinado – sem sustento, ou então o força a se submeter a todas as exigências desse capitalista.

||II| As oscilações acidentais e repentinas do preço de mercado acometem menos a renda fundiária do que a parte do preço decomposta em lucro e salário, mas menos o lucro do que o salário. Para um salário que sobe, têm-se, na maioria das vezes, um que se mantém *estacionário* e um que *cai*.

O trabalhador não precisa necessariamente ganhar com o ganho do capitalista, mas necessariamente perde com ele. Assim, o trabalhador não ganha quando o capitalista mantém o preço de mercado acima do preço natural mediante segredos de fábrica ou comerciais, mediante monopólio ou pela localização favorável do seu terreno.

Ademais: *os preços do trabalho são muito mais constantes do que os preços dos meios de vida*. Não raro eles se encontram em proporção inversa. Em um ano caro, o salário diminui em virtude da diminuição da demanda, aumenta em virtude do aumento dos meios de vida. Portanto, balanceia. De qualquer forma, uma quantidade de trabalhadores fica sem sustento. Em anos baratos, o salário aumenta em virtude do aumento da demanda, diminui em virtude dos preços dos meios de vida. Portanto, balanceia.

Outra desvantagem do trabalhador:

Os preços do trabalho das diversas espécies de trabalhadores são muito mais diversos do que os ganhos dos diversos ramos nos quais o capital se aplica. No trabalho, toda a diversidade natural, espiritual e social da atividade individual se destaca e é recompensada de modo diverso, enquanto o capital morto anda sempre na mesma passada e é indiferente à atividade individual *efetiva*.

Em geral, deve-se observar que, onde quer que trabalhador e capitalista sofram igualmente, o trabalhador sofre em sua existência; o capitalista, no ganho da sua fortuna morta.

O trabalhador tem de lutar não apenas por seus meios de vida físicos, ele tem de lutar pela aquisição de trabalho, isto é, pela possibilidade, pelos meios de poder efetivar sua atividade.

Tomemos os três principais estados nos quais a sociedade pode se encontrar, e consideremos a situação do trabalhador na mesma.

1. Se a riqueza da sociedade estiver em declínio, o trabalhador sofre em maior grau, pois: embora a classe trabalhadora não possa ganhar tanto quanto a dos proprietários no estado próspero da sociedade, *nenhuma sofre tão cruelmente com seu declínio do que a classe dos trabalhadores*[4].

|III| 2. Tomemos, agora, uma sociedade na qual a riqueza progrida. Esse estado é o único favorável ao trabalhador. Aqui tem início a concorrência entre os capitalistas. A demanda por trabalhadores excede sua oferta: mas:

Primeiro: o aumento do salário promove *sobretrabalho* entre os trabalhadores. Quanto mais eles queiram receber, tanto mais têm de sacrificar seu tempo e realizar trabalho de escravos a serviço da ganância, renunciando plenamente a toda liberdade. Com isso, eles encurtam seu tempo de vida. Esse encurtamento da sua duração de vida é uma circunstância favorável para a classe trabalhadora no geral, porque, dessa maneira, nova oferta se torna sempre necessária. Para não perecer por completo, essa classe tem sempre de sacrificar uma parte de si mesma.

Ademais: quando uma sociedade se encontra em enriquecimento progressivo? Com o crescimento de capitais e réditos de um país. Mas isso só é possível

α) na medida em que muito trabalho for acumulado, pois capital é trabalho acumulado; ou seja, na medida em que forem tomados da mão do trabalhador cada vez mais produtos seus, em que seu próprio trabalho cada vez mais surja defronte àquele como propriedade alheia e em que os meios da sua existência e da sua atividade se concentrem cada vez mais na mão do capitalista.

β) A acumulação de capital aumenta a divisão do trabalho, a divisão do trabalho aumenta o número de trabalhadores; inversamente, o número dos trabalhadores aumenta a divisão do trabalho, assim como a divisão do trabalho aumenta a acumulação de capitais. Com essa divisão do trabalho, por um lado, e com a acumulação de capitais, por outro, o trabalhador se torna cada vez mais dependente apenas do trabalho, e de um trabalho determinado de espécie maquinal, muito unilateral. Portanto, assim como ele é reduzido espiritual e corporalmente à máquina, e assim como de um ser humano são feitos uma atividade abstrata e um ventre, ele também se torna cada vez mais dependente de todas as oscilações do preço de mercado, do emprego dos capitais e do capricho dos ricos. Em igual intensidade, a ampliação da | |IV| classe de seres humanos que apenas trabalha aumenta a concorrência dos trabalhadores, ou seja, reduz seu preço. No setor fabril, essa posição do trabalhador alcança seu ponto culminante.

γ) Em uma sociedade que se encontre em crescente prosperidade, somente os mais ricos de todos logram viver do juro monetário. Todos os demais têm de manter um negócio com o seu capital, ou de lançá-lo no comércio. Desse modo, portanto, torna-se maior a concorrência entre os capitais, torna-se maior a concentração de capitais, os grandes capitalistas arruínam os pequenos, e uma parte dos antigos capitalistas desce à classe dos trabalhadores, que, por meio dessa oferta, em parte torna a sofrer uma redução do salário e adentra uma dependência ainda maior com relação aos poucos grandes capitalistas; uma vez que o número dos capitalistas diminuiu, sua concorrência em relação aos trabalhadores quase não é mais existente, e, uma vez que o número dos trabalhadores aumentou, sua concorrência entre si se tornou ainda maior, mais desnatural e mais violenta. Daí uma parte do estamento dos trabalhadores, necessariamente, cair no estado de mendicância ou da morte por fome, bem como uma parte dos capitalistas médios desce ao estamento dos trabalhadores.

Portanto, mesmo no estado da sociedade que seja mais favorável ao trabalhador, as consequências necessárias para este são sobretrabalho e morte prematura, descer à condição de máquina, de servo do capital que perigosamente se acumula ante o mesmo, nova concorrência, morte por fome ou mendicância de uma parte dos trabalhadores.

||V| O aumento do salário estimula no trabalhador a obsessão por enriquecimento própria ao capitalista, mas que ele só logra satisfazer mediante sacrifício dos seus espírito e corpo. O aumento do salário pressupõe a acumulação do capital e a promove; opõe ao trabalhador o produto do trabalho como algo, portanto, cada vez mais estranho. Do mesmo modo, a divisão do trabalho o torna cada vez mais unilateral e dependente, assim como promove a concorrência não apenas dos seres humanos, mas também das máquinas. Visto que o trabalhador desceu à condição de máquina, esta pode, defronte àquele, surgir como concorrente. Por fim, assim como a acumulação do capital aumenta a quantidade da indústria, ou seja, dos trabalhadores, a mesma quantidade da indústria fornece, por meio dessa acumulação, uma *quantidade ainda maior de obragem*, a qual se torna sobreprodução e acaba ou por tirar o trabalho de uma grande parte dos trabalhadores, ou então por reduzir seu salário ao mínimo mais miserável.

Eis as consequências de um estado da sociedade que seja mais favorável ao trabalhador, a saber, do estado de riqueza *crescente, progressivo*.

Por fim, porém, esse estado de crescimento decerto tem de alcançar seu apogeu em algum momento. Qual é, então, a situação do trabalhador?

3. "Em um país que tivesse alcançado o último nível possível da sua riqueza, seriam ambos, salário e juro de capital, muito baixos. A concorrência entre os trabalhadores para obter ocupação seria tão grande que os salários seriam reduzidos àquilo que bastasse para a manutenção do mesmo número de trabalhadores, e, porque o país já teria se povoado suficientemente, esse número não poderia aumentar" (Smith, t. II, p. 162).

O excedente teria de morrer.

Portanto, no estado regressivo da sociedade [há] miséria progressiva do trabalhador; no estado progressivo, miséria complicada; no estado consumado, miséria estacionária.

||VI| Mas visto que, segundo Smith, não é próspera nenhuma sociedade onde a maioria sofra, mas visto que o estado mais rico da sociedade conduz a esse sofrimento da maioria, e visto que a economia nacional (a sociedade do interesse privado em geral) conduz a esse estado mais rico, a *não prosperidade* da sociedade é, portanto, a finalidade da economia nacional.

Em referência à relação entre trabalhador e capitalista, deve-se, ainda, observar que o aumento do salário é mais do que compensado ao capitalista pela redução da quantidade de tempo de trabalho, e que o aumento do salário e o aumento do juro de capital atuam sobre o preço das mercadorias como juro simples e juro composto.

Coloquemo-nos agora totalmente no ponto de vista do teórico da economia nacional e comparemos, conforme o mesmo, as pretensões teóricas e práticas dos trabalhadores.

Ele nos diz que, em origem e em conceito, o *produto total* do trabalho pertence ao trabalhador. Mas ao mesmo tempo ele nos diz que, na realidade, compete ao trabalhador a menor e mais indispensável parcela do produto; apenas o tanto que for necessário para que ele exista, não como ser humano, mas como trabalhador, para que ele reproduza não a humanidade, mas a classe de escravos, dos trabalhadores.

O teórico da economia nacional nos diz que tudo é comprado com trabalho, e que o capital não é outra coisa senão trabalho acumulado, mas ao mesmo tempo ele nos diz que o trabalhador, muito longe de poder comprar tudo, tem de vender a si mesmo e sua humanidade.

Enquanto a renda fundiária do indolente proprietário de terra corresponde na maioria das vezes à terça parte do produto do solo, e, o lucro do zeloso capitalista, até ao dobro do juro monetário, o a mais que o trabalhador recebe no melhor caso é tanto que, de quatro crianças suas, duas têm de passar fome e morrer.

||VII| Segundo o teórico da economia nacional, enquanto o trabalho é o único meio pelo qual o ser humano amplia o valor dos produtos naturais, enquanto o trabalho é sua propriedade ativa, o proprietário de terra e o capitalista – que, enquanto proprietário de terra e capitalista, são apenas deuses privilegiados e mandriões, segundo a mesma teoria da economia nacional – por toda parte estão acima do trabalhador e lhe prescrevem leis.

Segundo o teórico da economia nacional, enquanto o trabalho é o único preço imutável das coisas, nada é mais acidental, nada está sujeito a maiores oscilações do que o preço do trabalho.

Enquanto a divisão do trabalho aumenta a força produtiva do trabalho, a riqueza e o aperfeiçoamento da sociedade, ela empobrece o trabalhador até este chegar à condição de máquina. Enquanto fomenta a acumulação de capitais e, com ela, o crescente bem-estar da sociedade, o trabalho torna o trabalhador cada vez mais dependente do capitalista, coloca-o em uma concorrência maior, impele-o à azáfama da sobreprodução, à qual se segue um esmorecimento proporcional.

Segundo o teórico da economia nacional, enquanto o interesse do trabalhador nunca está contraposto ao interesse da sociedade, esta se contrapõe, sempre e necessariamente, ao interesse do trabalhador.

Segundo o teórico da economia nacional, o interesse do trabalhador nunca está contraposto ao da sociedade 1. porque o aumento do salário é mais do que compensado pela diminuição na quantidade do tempo de trabalho, além das demais consequências desenvolvidas acima; e 2. porque, em relação à sociedade, todo o produto bruto é produto líquido, e este tem uma importância apenas em relação ao homem privado.

Afirmo que o trabalho mesmo é nocivo, nefasto, mas não apenas sob as condições de agora, senão em geral, na medida em que sua finalidade é a mera ampliação da riqueza; sem que o teórico da economia nacional o saiba, isso se conclui dos seus desenvolvimentos.

* * *

Em conceito, a renda fundiária e o ganho de capital são *deduções* que o salário sofre. Na realidade, porém, o salário é uma dedução que terra e capital fazem caber ao trabalhador, uma concessão do produto do trabalho ao trabalhador, ao trabalho.

No estado de declínio da sociedade, o trabalhador sofre mais gravemente. Ele deve a gravidade específica da sua pressão à sua posição como trabalhador; a pressão em geral, porém, à posição da sociedade.

Mas no estado progressivo da sociedade, a decadência e o empobrecimento do trabalhador são o produto do seu trabalho e da riqueza produzida por ele. A miséria que provém, portanto, da *essência* do trabalho hodierno mesmo.

O estado mais rico da sociedade, um ideal, mas que será alcançado de modo aproximado, que é no mínimo a finalidade tanto da economia nacional como da sociedade civil, é *miséria estacionária* para os trabalhadores.

É evidente por si mesmo que a teoria da economia nacional considera o *proletário* – isto é, aquele que, sem capital e renda fundiária, vive puramente do trabalho, e de um trabalho unilateral, abstrato – apenas como *trabalhador*. Daí ela poder formular a tese de que, como um cavalo qualquer, ele tem de adquirir tanto quanto baste para lograr trabalhar. Ela não o considera em seu tempo sem trabalho, como ser humano; antes, ela deixa essa consideração para a justiça criminal, para os médicos, para a religião, para as tabelas estatísticas, para a política e para o controlador dos mendicantes.

Elevemo-nos agora acima do nível da teoria da economia nacional e, a partir do desenvolvimento anterior, dado quase que com as palavras do seu teórico, busquemos responder a duas questões.

1. No desenvolvimento da humanidade, qual sentido tem essa redução da maior parte da mesma ao trabalho abstrato?

2. Quais erros cometem, *en détail*, os reformadores que ou querem *aumentar* o salário e assim melhorar a situação da classe trabalhadora,

ou então (como Proudhon) que consideram a *igualdade* do salário como a finalidade da revolução social?

Na teoria da economia nacional, o *trabalho* surge apenas sob a forma de *atividade aquisitiva.*

||VIII| "Pode-se afirmar que, no todo, ocupações que pressuponham aptidões específicas ou instrução preparatória mais longa se tornaram mais rentáveis; ao passo que, com a crescente concorrência, diminuiu e teve necessariamente de diminuir o salário proporcional da atividade mecanicamente uniforme, na qual qualquer um logra ser rapidamente e facilmente treinado. E, no atual estado da sua organização, justamente *essa* espécie de trabalho ainda é, de longe, a mais numerosa. Portanto, se um trabalhador da primeira categoria ganha agora sete vezes mais, e um outro, da segunda, ganha o mesmo que há aproximadamente cinquenta anos, ambos decerto ganham, *em média*, quatro vezes mais. Só que se a primeira categoria de trabalho for ocupada por apenas mil pessoas em um país, a segunda por um milhão, então 999 mil não estão em situação melhor do que há cinquenta anos, e se encontram em situação *pior* se ao mesmo tempo os preços das coisas necessárias à vida tiverem subido. E com tais *cálculos médios* superficiais se pretende iludir a classe mais numerosa da população. Ademais, a grandeza do *salário* é apenas um elemento para a estimativa da *remuneração do trabalhador*, porque, para a mensuração do último, ainda entra na conta, de modo essencial, a *duração* assegurada do mesmo, sobre a qual, na anarquia da chamada livre-concorrência, com suas oscilações e paralisações sempre recorrentes,

simplesmente não é falado. Por fim, ainda deve-se ter em vista o *tempo* ordinário de trabalho, o de antes e o de agora. Este, porém, há aproximadamente vinte e cinco anos, ou seja, justamente desde a introdução de máquinas poupadoras de trabalho, foi aumentado para o trabalhador inglês na manufatura de algodão devido à obsessão aquisitiva dos empresários, ||IX| para 12 até 16 horas diárias, e o aumento, em um país e em um ramo da indústria, em virtude do direito a uma exploração incondicional dos pobres pelos ricos, reconhecido ainda por toda parte, teve de se fazer valer também alhures, em maior ou menor grau" (Schulz: *Bewegung der Production*, p. 65).

"Só que mesmo se fosse tão verdadeiro quanto é incorreto que a remuneração média de *todas* as classes da sociedade tivesse aumentado, ainda assim as diferenças e as distâncias *proporcionais* de remuneração podem ter se tornado maiores, e, os contrastes da riqueza e da pobreza, por conseguinte, sobressaído de maneira mais nítida. Pois justamente *porque* a produção total aumenta, e as carências, os apetites e as exigências aumentam também na mesma medida em que isso ocorre, e a pobreza *relativa* pode, portanto, aumentar, enquanto a *absoluta* diminui. O samoiedo, com o óleo de baleia e os peixes rançosos, não é pobre, porque, em sua sociedade fechada, todos têm as mesmas carências. Mas em um *Estado a progredir* que, aproximadamente no curso de um decênio, aumente sua produção total em um terço na proporção da sociedade, o trabalhador que após dez anos ganhe o mesmo de antes não ficou igualmente abastado; antes, tornou-se um terço mais carente" (Ibid., p. 65, 66).

Mas a teoria da economia nacional conhece o trabalhador apenas como animal de carga, como uma rês reduzida às mais estritas carências do corpo.

"Um povo, para que se desenvolva de modo espiritualmente mais livre, não pode mais se encontrar na escravidão das suas carências corporais, não pode mais ser o servo do corpo. Acima de tudo, deve lhe restar *tempo* para poder criar com o espírito e para a fruição espiritual. Os progressos no organismo do trabalho ganham esse tempo. Mas agora, nas fábricas de algodão, com novas forças motrizes e maquinário melhorado, um único trabalhador não raro realiza o labor de 100, de 250 até 350 trabalhadores de antes. Consequências similares [há] em todos os ramos da produção, porque forças naturais externas, cada vez mais, | |X| são forçadas a tomar parte no trabalho humano. Ora, se antes, para a satisfação de uma quantidade de carências materiais, era necessário um gasto de tempo e de força humana que mais tarde se reduziu à metade, foi ao mesmo tempo ampliado, na mesma medida, sem nenhum dano ao prazer sensível, o espaço para o criar e para a fruição espirituais. – Mas também quanto à distribuição do butim que tomamos do velho Cronos, mesmo em seu domínio mais próprio, ainda decide o jogo de dados do acaso, cego e injusto. Na França calculou-se que, do ponto de vista atual da produção, um tempo médio de trabalho de cinco horas diárias para cada um apto ao trabalho bastaria para a satisfação de todos os interesses materiais da sociedade... A despeito da economia de tempo mediante aprimoramento do maquinário, a duração do trabalho escravo nas fábricas, para uma numerosa população, apenas aumentou" (Ibid., p. 67, 68).

"A transição, a partir do trabalho manual composto, pressupõe uma decomposição do mesmo em suas operações simples. De início, porém, somente uma *parte* das operações uniformemente repetitivas caberá então às máquinas, mas uma outra parte caberá aos seres humanos. Conforme a natureza da coisa e segundo experiências concordantes, tal atividade incessantemente uniforme é desvantajosa tanto para o espírito quanto para o corpo; e assim, então, com essa *vinculação* do maquinário à mera divisão do trabalho entre numerosas mãos humanas, também têm de se manifestar, ainda, todas as desvantagens da última. As desvantagens se mostram, entre outras coisas, na maior mortalidade do trabalhador ||XI| da fábrica... Até que ponto os seres humanos trabalham *por intermédio de* máquinas e até que ponto eles trabalham *como* máquinas, essa grande diferença não foi... considerada" (Ibid., p. 69).

"Para o futuro da vida dos povos, porém, as forças naturais desprovidas de entendimento, que operam nas máquinas, serão nossas escravas e servas" (Ibid., p. 74).

"Nas fiações inglesas estão empregados apenas 158.818 homens e 196.818 mulheres. Para cada 100 trabalhadores homens nas fábricas de algodão do condado de Lancaster, há 103 trabalhadoras, e, na Escócia, até 209. Nas fábricas de linho inglesas de Leeds, contavam 147 mulheres para cada 100 homens; em Dundee e na costa leste da Escócia, até 280. Nas fábricas de seda inglesas, muitas trabalhadoras; nas fábricas de lã, que exigem maior força de trabalho, mais homens. Também nas fábricas de algodão norte-americanas estavam empregadas, no ano de 1833, junto com 18.593 homens, não menos que 38.927 mulheres. Mediante as transformações no organismo do trabalho, portanto, coube ao gênero feminino um conjunto mais amplo de atividade aquisitiva... as mulheres [assumiram] uma posição mais independente economicamente... ambos os gêneros se aproximaram mais um do outro em suas relações sociais" (Ibid., p. 71, 72).

"Nas fiações inglesas movidas por vapor e água trabalharam, no ano de 1835: 20.558 crianças entre 8 e 12 anos; 35.867 entre 12 e 13, e, por fim, 108.208 entre 13 e 18 anos... Certamente, os progressos subsequentes da mecânica, visto que eles, mais e mais, tomam da mão dos seres humanos todas as ocupações uniformes, atuam no sentido de uma eliminação gradual ||XII| desse estado deplorável. Só que no caminho desses céleres progressos mesmos se encontra justamente a circunstância de os capitalistas lograrem se apropriar das forças das classes inferiores até na idade infantil, da maneira mais fácil e barata, para utilizá-las e consumi-las *no lugar* dos recursos auxiliares da mecânica" (p. 70, 71. Schulz: *Bewegung der Production*).

"Apelo de Lord Brougham aos trabalhadores: 'Tornai-vos capitalistas!' O... mal [é] que milhões só conseguem adquirir uma subsistência parca mediante trabalho árduo, degradante corporalmente, atrofiante moral e espiritualmente; que eles tenham até de tomar por um fortúnio o infortúnio de terem encontrado *tal* trabalho" (Ibid., p. 60).

"Para viver, portanto, os não proprietários são obrigados a se colocar direta ou indiretamente *a serviço* dos proprietários, ou seja, sob sua dependência"[5] (Pecqueur: *Théorie nouvelle d'économie soc. etc.*, p. 409, 410).

Criados domésticos – gratificação; trabalhadores – salários; empregados – ordenados ou *emolumentos*[6] (Ibid., p. 409, 410).

"Alugar seu trabalho", "emprestar seu trabalho a juros", "trabalhar no lugar dos outros"[7].

"Alugar o material de trabalho", "emprestar o material de trabalho a juros", "fazer os outros trabalharem em seu lugar"[8] (Ibid).

||XIII| "essa constituição econômica condena os homens a ocupações tão abjetas, a uma degradação tão desoladora e amarga, que a selvageria aparece, em comparação, como uma condição real"[9] (l. c. p. 417, 418). "A prostituição da carne não proprietária em todas as formas"[10] (p. 421 sq. Lumpensammler).

Ch. Loudon, no escrito "*Solution du probléme de la population etc.*", Paris, 1842, estima o número das prostitutas na Inglaterra em 60.000-70.000.

O número das mulheres de virtude duvidosa[11] seria igualmente grande (p. 228).

"A média de vida dessas infortunadas criaturas na rua, depois de terem entrado na carreira do vício, é de cerca de seis ou sete anos. De maneira que, para manter o número de 60.000 a 70.000 prostitutas, deve haver, nos três reinos, todo ano, pelo menos 8.000 a 9.000 mulheres que se dediquem a essa ocupação infame, ou cerca de vinte e quatro novas vítimas por dia, que é a média de *uma* por hora; e, consequentemente, se a mesma proporção se der em toda a superfície do globo, deve haver, constantemente, um milhão e meio dessas infelizes"[12] (Ibid., p. 229). "A população dos miseráveis cresce com a sua miséria, e é no limite extremo da penúria que os seres humanos se apressam em maior número para disputar o direito de sofrer... Em 1821, a população da Irlanda era de 6.801.827. Em 1831, ela se elevara a 7.764.010; são 14% de aumento em dez anos. Em Leinster, a província mais afluente, a população aumentou não mais que 8%, enquanto que em Connaught, a província mais miserável, o aumento chegou a 21%."[13] (*Extraits des Enquêtes publiées en Angleterre sur l'Irlande.* Vienne, 1840.) (Buret: *De la misère etc.* t. I, p. 37).

A teoria da economia nacional considera o trabalho abstratamente, como uma coisa; "o trabalho é uma mercadoria[14]; se o preço é alto, então a mercadoria é muito procurada; se ele é baixo, então ela é muito ofertada; como mercadoria, o trabalho deve baixar mais e mais de preço[15]": força a isso, em parte, a concorrência entre capitalista e trabalhador, em parte a concorrência entre os trabalhadores.

> "[...] a população trabalhadora, mercadora de trabalho, é forçosamente reduzida à parte mais fraca do produto... a teoria do trabalho-mercadoria é outra coisa além de uma teoria da servidão disfarçada?"[16] (l. c. p. 43). "Por que, então, não ter enxergado no trabalho apenas um valor de troca?"[17] (Ib., p. 44).

Os grandes ateliês compram preferencialmente o trabalho de mulheres e crianças porque este custa menos do que o de homens (l. c.).

> "O trabalhador não está na posição de um *vendedor livre* em relação ao seu empregador... o capitalista sempre é livre para empregar o trabalho, e o trabalhador é sempre forçado a vendê-lo. O valor do trabalho é completamente destruído se não for vendido a cada instante. O trabalho não é suscetível nem de acumulação, nem mesmo de poupança, à diferença das verdadeiras mercadorias.
>
> ||XIV| O trabalho é a vida, e se a vida não é trocada todo dia por alimentos, ela sofre e logo perece. Para que a vida do homem seja uma mercadoria, portanto, é preciso admitir a escravidão"[18] (p. 49, 50, l. c.).

Assim, se o trabalho é uma mercadoria, então ele é uma mercadoria dos mais desditosos atributos. Mas, mesmo segundo princípios da teoria da economia nacional, ele não o é porque não é "*o livre resultado de um livre mercado*"[19]. O regime econômico de agora

> "baixa tanto o preço quanto a remuneração do trabalho; ele aperfeiçoa o trabalhador e degrada o homem[20] (p. 52, 53, l. c.). A indústria se tornou uma guerra, e, o comércio, um jogo"[21] (l. c., p. 62).
> "As máquinas de trabalhar o algodão[22] (na Inglaterra) representam sozinhas 84.000.000 de artesãos".

Até agora, a indústria se encontrava em estado de guerra de conquista:

> "ela prodigalizou a vida dos homens que compunham seu exército, com tanta in-

diferença como os grandes conquistadores. Seu objetivo era a posse da riqueza, e não a felicidade dos homens"[23] (Buret, l. c., p. 20). "Esses interesses" (isto é, econômicos) "livremente abandonados a si mesmos... devem necessariamente entrar em conflito; eles não têm outro árbitro que não a guerra, e as decisões de guerra dão a alguns a derrota e a morte, para dar a vitória a outros... É no conflito das forças opostas que a ciência busca a ordem e o equilíbrio: a *guerra perpétua* é, segundo ela, o único meio de obter a paz; essa guerra se chama concorrência"[24] (l. c., p. 23).

A guerra industrial, para ser conduzida com êxito, exige numerosos exércitos, que ela possa agregar no mesmo ponto e dizimar em grande quantidade. E não é por dedicação[25] nem por dever que os soldados desse exército suportam os esforços que lhes são impostos; apenas para se evadir à dura necessidade da fome. Eles não têm afeição nem reconhecimento por seus chefes; estes não se aliam aos seus subordinados por nenhum sentimento de benevolência; eles os conhecem não como seres humanos, mas somente como instrumentos de produção que devem render tanto quanto possível e dar as menores despesas possíveis. Essas populações de trabalhadores, cada vez mais exigidas, não têm nem a despreocupação de estarem sempre empregadas; a indústria, que as convocou, deixa que vivam apenas enquanto precise das mesmas; e tão logo pode se livrar das mesmas, ela as abandona sem a mínima hesitação; e os trabalhadores são forçados a oferecer sua pessoa e sua força pelo preço que quiserem acordar por estas.

Quanto mais longo, penoso, repugnante for o trabalho que lhes derem, tanto menos eles serão pagos; veem-se alguns que, com 16 horas de trabalho por dia, sob constante esforço, mal logram adquirir o direito de não morrer (l. c., p. 69).

||XV| "Temos a convicção, ... partilhada pelos comissários encarregados do inquérito sobre a condição dos tecelões manuais, de que as grandes cidades industriais perderiam sua população de trabalhadores em pouco tempo se não recebessem a cada instante, dos campos vizinhos, recrutamentos contínuos de homens saudáveis, de sangue novo"[26] (p. 362, l. c.) |XV||

Lucro do capital

1. *O capital*

||I| 1. Em que se baseia o *capital*, isto é, a propriedade privada dos produtos do trabalho alheio?

"Se o capital mesmo não se reduzir a roubo ou dolo, ele decerto necessita da falência da legislação para consagrar a herança" (Say, t. I, p. 136, nota).

Como alguém se torna proprietário de fundos produtivos? Como alguém se torna proprietário dos produtos que são criados por intermédio desses fundos?

Mediante o *direito positivo* (Say, t. II, p. 43).

O que se adquire com o capital, com a herança de uma grande fortuna, por exemplo?

"Alguém que herde uma grande fortuna, por exemplo, não adquire com ela, de imediato, poder político. A espécie de poder que essa possessão lhe transfere imediata e diretamente é o *poder de com-*

> *prar*, que é um direito de comando sobre todo o trabalho de outros ou sobre todo o produto desse trabalho que exista no mercado no momento" (Smith, t. I, p. 61).

O capital, portanto, é o *poder de regência* sobre o trabalho e sobre seus produtos. O capitalista possui esse poder, não devido a seus atributos pessoais ou humanos, mas na medida em que é *proprietário* do capital. O poder *comprador* do seu capital, ao qual nada logra resistir, é o seu poder.

Mais tarde, veremos, primeiro, como o capitalista exerce o seu poder de regência sobre o trabalho por intermédio do capital, mas, depois, o poder de regência do capital sobre o próprio capitalista.

O que é o capital?

> "Uma certa quantidade de *trabalho armazenado* e colocado em reserva"[27] (Smith, t. II, p. 312).

Capital é trabalho armazenado.

> 2. Fundos, *stock*[28], é toda acumulação de produtos da terra e do trabalho manufaturado. O *stock* só se chama *capital* se der ao seu proprietário um rédito ou ganho (Smith, t. II, p. 191).

2. O ganho do capital

> O *lucro* ou *ganho* do *capital* é totalmente diverso do *salário*. Essa diversidade se mostra de uma dupla maneira: primeiramente, os ganhos do capital regulam-se totalmente pelo valor do capital aplicado, embora o trabalho de supervisão e direção possa ser o mesmo com capitais diversos. Acrescenta-se, então, que, em fábricas grandes, todo esse trabalho é confiado a um auxiliar prin-

cipal, cujo ordenado não se encontra em nenhuma proporção com o ||II| capital cujo rendimento ele supervisiona. Mas embora o trabalho do proprietário se reduza aqui a quase nada, ele exige lucros na proporção do seu capital (Smith, t. I, p. 97-99).

Por que o capitalista exige essa proporção entre ganho e capital?

Ele não teria nenhum *interesse* em empregar os trabalhadores se não esperasse, da venda do labor destes, mais do que o necessário para compensar os fundos adiantados para salário, e ele não teria nenhum *interesse* em aplicar uma soma antes grande do que pequena de fundos se seu lucro não estivesse em proporção com o volume dos fundos aplicados (t. I, p. 96, 97).

Primeiro, portanto, o capitalista extrai um ganho sobre os salários; em segundo lugar, da matéria-prima adiantada.

Ora, qual relação o ganho tem com o capital?

Se já é difícil determinar o nível médio ordinário do salário em dados localidade e tempo, é ainda mais difícil determinar o ganho dos capitais. Alteração no preço das mercadorias com as quais o capital negocia, êxito ou insucesso de seus rivais e clientes, mil outros acasos aos quais as mercadorias estão sujeitas tanto durante o transporte como nos armazéns, criam uma mudança diária, quase horária, no lucro (Smith, t. I, p. 179, 180). Só que por mais impossível que seja determinar com precisão os ganhos dos capitais, pode-se ter uma ideia dos mesmos considerando o *juro monetário*. Quando se logra muito ganho com o dinheiro, dá-se muito pela capacidade de se servir do seu; se pouco por seu intermédio, então pouco (Smith, t. I, p. 181). A proporção que a taxa de juro ordinária tem de conservar com o nível do ganho líquido varia necessariamente com o aumento ou com a queda do ganho. Na Grã-Bretanha calcula-se como o dobro do juro aquilo que os comerciantes chamam de um *lucro honesto, moderado, razoável*[29], expressões que não significam outra coisa senão um *lucro comum e usual* (Smith, t. I, p. 198).

Qual é o nível *mais baixo* de ganho? Qual [é] o seu *mais elevado*?

O *nível mais baixo* do ganho ordinário dos capitais tem sempre de ser *um pouco mais* do que o necessário para compensar as perdas acidentais às quais toda aplicação de capital está sujeita. Esse excedente, em verdade, é o ganho ou o lucro líquido[30]. O mesmo vale em relação à taxa de juro mais baixa (Smith, t. I, p. 196).
||III| O nível *mais elevado* a que os ganhos ordinários podem chegar é aquele que, na maioria das mercadorias, *retira a totalidade da renda fundiária* e reduz ao *preço mais baixo* o salário da mercadoria entregue, à mera subsistência do trabalhador durante o trabalho. De uma maneira ou de outra, o trabalhador sempre tem de ser alimentado enquanto estiver empregado em um labor diário; a renda fundiária pode ser totalmente suprimida. Exemplo: em Bengala, o pessoal da companhia de comércio indiana (Smith, t. I, p. 198).

Além de todas as vantagens de uma baixa concorrência que o capitalista pode *explorar* nesse caso, ele logra manter, de uma maneira honesta, o preço de mercado acima do preço natural.

> *Primeiro* mediante *segredo comercial*, caso o mercado esteja muito afastado daqueles que o abasteçam: a saber, por manter em segredo a alteração do preço, o seu aumento acima do nível natural. Pois esse manter em segredo tem como resultado que outros capitalistas não colocam seu capital também nesse ramo.
>
> *Depois*, mediante *segredo de fábrica*, pelo qual o capitalista, com poucos custos de produção, entrega sua mercadoria pelo mesmo preço ou até por preços mais baixos do que os dos seus concorrentes, com mais lucro. – (Não é imoral a impostura mediante o manter em segredo? Negociação na bolsa). *Ademais*: pelo qual a produção pode ser vinculada a uma localidade determinada (como o vinho seleto, por exemplo) e a *demanda efetiva* nunca logra ser satisfeita. *Finalmente*: pelo *monopólio* de indivíduos e companhias. O preço de monopólio é o mais alto possível (Smith, t. I, p. 120-124).

Outras causas acidentais que podem aumentar o ganho de capital:

> A aquisição de novos territórios ou de novos ramos comerciais frequentemente aumenta o ganho dos capitais mesmo em um país rico, porque retiram uma parte dos capitais dos antigos ramos comerciais, diminuem a concorrência, abastecem o mercado com menos mercadorias, cujos preços aumentam depois; os negociantes das mesmas podem então pagar com juros altos o dinheiro emprestado (Smith, t. I, p. 190).
>
> Quanto mais uma mercadoria for elaborada, objeto da manufatura, tanto mais

> sobe a parte do preço que se decompõe em salário e lucro, na proporção com a parcela que se decompõe em renda fundiária. No progresso que o trabalho manual traz a essa mercadoria não só aumenta a quantidade dos ganhos, mas cada ganho subsequente é maior do que o precedente porque o capital do qual ||IV| ele provém é, necessariamente, sempre maior. O capital que põe os tecelões de linho a trabalhar é, necessariamente, sempre maior do que aquele que faz os fiadeiros trabalharem, porque, com os seus ganhos, ele não apenas compensa o último capital, mas, fora isso, ainda paga o salário do tecelão de linho – e é necessário que os ganhos estejam sempre em uma espécie de proporção com o capital (t. I, 102, 103).

Assim, o progresso que o trabalho humano traz ao produto natural e ao produto natural elaborado aumenta não o salário, mas em parte a quantidade de capitais a se ganhar, em parte a proporção de cada capital seguinte com relação ao anterior.

Sobre o ganho que o capitalista extrai da divisão do trabalho [será tratado] mais tarde.

Ele ganha duplamente. Primeiro, da divisão do trabalho; em segundo lugar, no geral, do progresso que o trabalho humano traz ao produto natural. Quanto maior a participação humana em uma mercadoria, tanto maior o ganho do capital morto.

> Na mesma sociedade, o nível médio do ganho do capital está muito mais próximo do mesmo nível do que o salário das diversas espécies de trabalho (t. I, p. 228). Nas diversas aplicações do capital, o nível ordinário do ganho muda segundo a maior ou menor certeza do retorno do capital. "O nível do ganho se eleva com o risco[31], ainda que não em total proporção" (Ibid).

É evidente que os ganhos do capital também sobem com a facilitação ou com a menor dispendiosidade dos meios de circulação (por exemplo, do papel-moeda).

3. A dominação do capital sobre o trabalho e os motivos do capitalista

O único motivo que determina o possuidor de um capital a empregá-lo de preferência na agricultura ou na manufatura, ou em um ramo particular do comércio por atacado ou varejista, é a perspectiva de lucro próprio. Nunca lhe vem à mente calcular quanto *trabalho produtivo* todas essas diversas espécies de aplicação colocam em atividade ||V| ou quanto é acrescentado em valor ao produto anual das terras e do trabalho de seu país (Smith, t. II, p. 400, 401).

A aplicação mais útil do capital para o capitalista é aquela que lhe traz, com igual segurança, o maior ganho. Nem sempre essa é a aplicação mais útil para a sociedade; a mais útil é a empregada para tirar proveito das forças produtivas da natureza (Say, t. II, p. 131).

As operações mais importantes do trabalho são reguladas e conduzidas conforme os planos e as especulações daqueles que aplicam os capitais; e a finalidade à qual eles servem em todos esses planos e operações é o *lucro*. Portanto: o nível de lucro não sobe com a prosperidade da sociedade como a renda fundiária e o salário, e não cai com o seu declínio. Pelo contrário, esse nível é naturalmente baixo nos países ricos e alto nos países pobres; e ele nunca é tão alto como nos países que mais rapidamente se lançam à sua ruína. Assim, o interesse dessa classe não se encontra na mesma relação das outras duas com o interesse geral da sociedade... Em certo aspecto, o interesse particular daqueles que exploram um ramo comercial ou manufatureiro particular é sempre diverso do interesse do público e, com frequência, até hostilmente contrário ao mesmo. O interesse do comerciante é sempre ampliar o mercado e limitar a concorrência dos vendedores... Essa é uma classe de pessoas cujo interesse nunca será exatamente o mesmo que o da sociedade, pessoas que no geral têm um interesse de enganar e oprimir o público (Smith, t. II, p. 163-165).

4. A acumulação dos capitais e a concorrência entre os capitalistas

O *aumento dos capitais* que aumenta o salário tende a diminuir o ganho dos capitalistas por causa da *concorrência* entre os capitalistas (Smith, t. I, p. 179).
"Por exemplo, se o capital que seja necessário ao comércio merceeiral de uma cidade se encontrar repartido entre dois merceeiros diferentes, então a concorrência fará com que cada um deles venda mais barato do que se o capital se encontrasse nas mãos de um só; e, se ele estiver repartido entre vinte, ||VI| a concorrência será justamente tanto mais ativa, e tanto menos estará dada a possibilidade de que eles combinem entre si para aumentar o preço das suas mercadorias" (Smith, t. II, p. 372, 373).

Visto que agora já sabemos que os preços de monopólio são os mais altos possíveis, pois o interesse do próprio capitalista, do ponto de vista nacional-econômico comum, contrapõe-se hostilmente à sociedade, visto que o aumento do ganho do capital atua sobre o preço da mercadoria como o juro composto (Smith, t. I, p. 201), a *concorrência* é a única ajuda contra os capitalistas, a qual, conforme a indicação da teoria da economia nacional, atua tão beneficamente no aumento do salário como no barateamento das mercadorias, em favor do público consumidor.

Só que a concorrência é possível apenas na medida em que os capitais aumentem, e em muitas mãos. O surgimento de muitos capitais só é possível mediante acumulação plurilateral, visto que em geral o capital só surge por acumulação, e a acumulação plurilateral transforma-se necessariamente em unilateral. A concorrência entre os capitais aumenta a acumulação entre os capitais. A acumulação, que sob a dominação da propriedade privada é *concentração* do capital em poucas mãos, é no geral uma consequência necessária quando os capitais são abandonados ao seu curso natural, e, por meio da concorrência, com mais forte razão, abre-se caminho livre para essa determinação natural do capital.

Já ouvimos que o ganho do capital é proporcional à sua grandeza. Assim, desconsiderando de início a concorrência intencional, um grande capital se acumula proporcionalmente à sua grandeza de maneira muito mais rápida do que um pequeno capital. ||VI|

||VIII| Com isso, e deixando totalmente de lado a concorrência, a acumulação do grande capital já é muito mais rápida do que a do pequeno. Mas continuemos a acompanhar o desenvolvimento.

Com o aumento dos capitais, diminuem, por intermédio da concorrência, os lucros dos capitais. Em primeiro lugar, portanto, sofre o pequeno capitalista.

O aumento dos capitais e uma grande quantidade de capitais pressupõem ademais riqueza progressiva do país.

> "Em um país que atingiu um nível muito alto de riqueza, o nível ordinário do ganho é tão pequeno que a taxa de juros que esse ganho permite pagar é baixa demais para que outros, que não as pessoas mais ricas, possam viver do juro monetário. Todas as pessoas de fortuna média, portanto, têm elas mesmas de aplicar seu capital, de fazer negócios ou se interessar por um ramo comercial qualquer" (Smith, t. I, p. 197).

Esse estado é o dileto da teoria da economia nacional.

> "A proporção que existe entre a soma dos capitais e a dos réditos determina por toda a parte a proporção na qual a indústria e a mandriice se encontrem; onde quer que os capitais saiam vitoriosos, domina a indústria; onde quer que os réditos o façam, domina a mandriice" (Smith, t. II, p. 325).

Mas e quanto à aplicação do capital nessa concorrência intensificada?

> "Com o aumento dos capitais, tem de se tornar sucessivamente maior a quantidade dos fundos que emprestam a juro[32]; com o aumento desses fundos, o juro monetário se torna menor 1. porque o preço de mercado de todas as coisas cai quanto mais sua quantidade aumenta, 2. porque, *com o aumento* dos *capitais em um país, torna-se mais difícil* investir um novo capital de maneira vantajosa. Uma concorrência entre os diversos capitais se eleva quando o possuidor de um capital faz todos os esforços possíveis para se apossar do comércio que se encontre ocupado por um outro

capital. Mas na maioria das vezes ele não pode esperar deslocar esse outro capital senão pela oferta de condições melhores para negociar. Ele não apenas tem de vender as coisas mais barato, mas frequentemente, para encontrar oportunidade de venda, tem de comprá-las mais caro. Quanto mais fundos forem destinados à manutenção do trabalho produtivo, tanto maior será a demanda por trabalho: os trabalhadores encontram ocupação facilmente, ||IX| mas os capitalistas têm dificuldade em encontrar trabalhadores. A concorrência dos capitalistas faz subir o salário e baixar os ganhos" (Smith, t. II, p. 358, 359).

Assim, o pequeno capitalista tem a escolha: 1. ou consumir todo seu capital, visto que ele não consegue mais viver dos juros, ou seja, deixar de ser capitalista; ou 2. montar ele mesmo um negócio, vender sua mercadoria mais barato e comprá-la mais caro do que o capitalista mais rico, e pagar um salário elevado; portanto arruinar-se, visto que o preço de mercado já se encontra muito baixo devido à alta concorrência pressuposta. Em contrapartida, se o grande capitalista quiser eliminar o menor, ele tem, perante este, todas as vantagens que o capitalista, enquanto capitalista, tem perante o trabalhador. Os ganhos menores lhe são compensados pela maior quantidade do seu capital, e mesmo perdas momentâneas ele logra suportar temporariamente, até que o capitalista menor esteja arruinado e ele se veja livre dessa concorrência. Assim ele acumula para si os ganhos do pequeno capitalista.

Ademais: o grande capitalista compra sempre mais barato do que o pequeno, porque ele compra em grandes quantidades. Ele pode então, sem prejuízo, vender mais barato.

Mas se a queda do juro monetário transforma os capitalistas médios, de rentistas em gente de negócios, o aumento de capitais comerciais e o ganho menor, dele procedente, ocasionam inversamente a queda do juro monetário.

> "Na medida em que diminui o benefício que se pode tirar do uso de um capital, necessariamente diminui o preço que se pode pagar pelo uso desse capital" (Smith, t. II, p. 359).
>
> "Quanto mais aumentam a riqueza, a indústria, a população, tanto mais diminui o juro monetário, ou seja, o ganho dos capitalistas; mas eles mesmos aumentam, apesar disso e ainda mais rápido do que antes, não obstante a diminuição dos ganhos. Um grande capital, mesmo que de pequenos ganhos, aumenta em geral muito mais rapidamente do que um pequeno capital com grandes ganhos. O dinheiro faz dinheiro, diz o provérbio" (t. I, p. 189).

Portanto, se capitais até pequenos, com pequenos ganhos, surgirem defronte a esse grande capital, como é no estado de forte concorrência pressuposto, ele os aniquila por completo.

Nessa concorrência, então, a consequência necessária é a piora geral das mercadorias, a falsificação, a produção enganosa, a contaminação geral, como se mostra nas grandes cidades.

||X| Ademais, uma importante circunstância na concorrência entre grandes e pequenos capitais é a relação entre *capital fixo* e *capital circulante*.[33]

> "*Capital circulante* é um capital que vem a ser aplicado na produção de víveres, na manufatura ou no comércio. Esse capital, assim investido, não dá réditos nem lucro ao seu senhor enquan-

to se mantiver em sua posse ou continuar sob a mesma forma... Ele constantemente deixa sua mão sob uma forma determinada, para regressar sob uma outra forma, e é somente por intermédio dessa circulação ou dessas sucessivas transformações e troca que ele traz lucro. *Capital fixo* consiste no capital investido para o melhoramento de terras, para a compra de máquinas, instrumentos, ferramentas e coisas similares" (Smith, p. 197, 198).

"Toda economia na conservação do capital fixo é um aumento do ganho líquido. O capital total de cada empreendedor de trabalho se divide necessariamente entre seu capital fixo e seu capital circulante. Quando da igualdade da soma, uma parte será tanto menor quanto maior for a outra. O capital circulante lhe fornece a matéria e o salário do trabalho, e coloca a indústria em atividade. Assim, toda economia no capital fixo que não diminua a força produtiva do trabalho aumenta os fundos" (Smith, t. II, p. 226).

Vê-se desde o início que a relação entre capital fixo e capital circulante é muito mais favorável aos grandes capitalistas do que aos capitalistas menores. Somente em grau insignificante que um banqueiro muito grande precisa de mais capital fixo do que um muito pequeno. Seu capital fixo se restringe ao escritório. Os instrumentos de um proprietário rural maior não aumentam na proporção da grandeza do seu terreno. Da mesma maneira, o crédito que um grande capitalista possui a mais que o menor é uma economia tanto maior de capital fixo, a saber, do dinheiro que ele deve ter sempre disponível. Compreende-se, por fim, que onde quer que o trabalho industrial tenha alcançado um grau elevado, ou seja, onde quer que quase qualquer trabalho manual tenha se tornado trabalho fabril, todo o capital do pequeno capitalista não lhe basta para que possua apenas o necessário de capital fixo. Sabe-se que os trabalhos de cultivo em grande escala não ocupam habitualmente mais do que um pequeno número de braços[34].

Em geral, junto com a acumulação de grandes capitais, também têm lugar, proporcionalmente, uma concentração e uma simplificação do capital fixo em relação aos capitalistas menores. O grande capitalista institui para si uma espécie ||XI| de organização dos instrumentos de trabalho.

> "Igualmente, no âmbito da indústria, qualquer manufatura e fábrica já é uma combinação mais abrangente de uma riqueza material maior com um grande número e variadas espécies de capacidades intelectuais e aptidões técnicas, para uma finalidade *comum* da produção... Onde quer que a legislação conserve intacta a propriedade fundiária em grandes quantidades, o excedente de uma população crescente se impele às oficinas, e é principalmente no campo da indústria que se acumula então o conjunto maior dos proletários, tal como na Grã-Bretanha. Mas onde quer que a legislação admita a divisão continuada do solo, como na França, aumenta o número dos proprietários pequenos e endividados que, pelo contínuo parcelamento, são lançados à classe dos pobres e descontentes. Por fim, quando esse parcelamento e sobre-endividamento atingirem um grau mais elevado, a grande posse fundiária torna a engolir a pequena, assim como a grande indústria também aniquila a pequena; e, visto que agora voltam novamente a se formar complexos maiores de bens, o con-

junto dos trabalhadores sem posses, simplesmente desnecessários à cultura do solo, é impelido de novo à indústria" (Schulz. *Bewegung der Production*, p. 59).

"A natureza das mercadorias da mesma espécie torna-se outra pela alteração na espécie da produção, e particularmente pelo emprego do maquinário. Só pela exclusão da força humana se tornou possível fiar, a partir de uma libra de algodão no valor de 3 xelins e 8 pence, 350 meadas com o comprimento de 167 milhas inglesas ou 36 milhas alemãs, e com um valor comercial de 25 guinéus" (Ibid., p. 62).

"Em 45 anos, os preços dos artigos de algodão diminuíram em média cerca de 11/12 na Inglaterra, e, segundo os cálculos de Marshall, a mesma quantidade de fabricação, pela qual foram pagos 16 xelins ainda no ano de 1814, é agora entregue por 1 xelim e 10 pence. O barateamento maior dos artigos industriais aumenta tanto o consumo dentro do país quanto o mercado no estrangeiro; e a isso se liga o fato de que o número de trabalhadores na produção de algodão na Grã-Bretanha, após a introdução das máquinas, não apenas não diminuiu, mas subiu de 40.000 a um milhão e meio. ||XII| Mas no que diz respeito à aquisitividade dos empresários e trabalhadores industriais, o ganho dos mesmos necessariamente diminuiu em relação à quantidade de artigos que entregam, devido à crescente concorrência entre os donos das fábricas. Nos anos 1820-1833, o ganho bruto dos fabricantes em Manchester por uma peça de calicô caiu de 4 xelins e 1 1/3 pence para 1 xelim e 9 pence. Mas, para a compensação dessa perda, o volume da fabricação foi ampliado tanto mais. A consequência disso é que em ramos específicos da indústria se dá, em parte, uma sobreprodução; que surgem bancarrotas frequentes, pelas quais se engendra, *dentro* da classe dos capitalistas e senhores do trabalho, um oscilar e flutuar inseguros da posse, o que lança ao proletariado uma parte dos arruinados economicamente; que com frequência, e de modo repentino, é necessária uma paralisação ou diminuição do trabalho, cujo inconveniente a classe dos trabalhadores assalariados sempre sente amargamente" (Ibid., p. 63).

"Alugar seu trabalho é começar sua escravidão; alugar a matéria do trabalho é constituir sua liberdade [...]. O trabalho é o homem; a matéria, ao contrário, não tem nada do homem."[35] Pecqueur: *Théor. soc. etc.* p. 411, 412.

"O elemento matéria, que nada pode fazer para a criação de riqueza sem o outro elemento *trabalho*, recebe a virtude mágica de ser fecundo para eles, como se lhes tivessem colocado, por feitio próprio, esse elemento indispensável"[36] (Ibid., l. c.).

"Supondo que o trabalho cotidiano de um trabalhador lhe renda em média 400 francos por ano, e que essa soma seja suficiente para cada adulto viver uma vida ordinária, todo proprietário de 2.000 francos de renda, renda fundiária, aluguel etc. força indiretamente, portanto, 5 homens a trabalhar para ele; 100.000 francos de renda representam o trabalho de 250 homens, e, 1.000.000, o trabalho de 2.500 indivíduos[37] (300 milhões, portanto (Louis-Philippe), o trabalho de 750.000 trabalhadores)" (Ibid., p. 412, 413).

"Os proprietários receberam da lei dos homens o direito de usar e abusar, ou seja, de fazer o que quiserem com a matéria de todo trabalho... eles não são, de modo nenhum, obrigados pela lei a fornecer trabalho a não proprietários no momento certo e sempre, nem a lhes pagar um salário sempre suficiente etc."[38] (p. 413, l. c.). "Liberdade integral quanto à natureza, à quantidade, à qualidade, à oportunidade da produção, ao uso, ao consumo das riquezas, à disposição da matéria de todo o trabalho. Cada um é livre para comercializar sua coisa como entender, sem outra consideração além do seu próprio interesse de indivíduo"[39] (p. 413, l. c.).

"A concorrência não exprime outra coisa senão um comércio facultativo, que é ele mesmo a consequência próxima e lógica do direito individual de usar e abusar dos instrumentos de toda a produção. Esses três momentos econômicos, os quais formam um — o direito de usar e abusar, a liberdade de comércio e a concorrência arbitrária —, trazem as seguintes consequências: cada um produz o que quer, como quer, quando quer, onde quer; produz bem ou produz mal, muito ou muito pouco, muito cedo ou muito tarde, muito caro ou muito barato; cada um ignora se venderá, a quem venderá, como venderá, quando venderá, onde venderá: e isso é o mesmo quanto às compras. ||XIII| O produtor ignora as necessidades e os recursos, as demandas e as ofertas. Vende quando quer, quando pode, onde quer, a quem quer, ao preço que quer. E ele compra do mesmo modo. Em tudo isso, ele é sempre o joguete do acaso, o escravo da lei do mais forte, do menos pressionado, do mais rico... Enquanto há escassez de riqueza em um ponto, no outro há excesso e desperdício. Enquanto um produtor vende muito ou muito caro, e com um ganho enorme, o outro não vende nada ou vende com perda... A oferta ignora a demanda, e a demanda ignora a oferta. Vós produzis na fé de um gosto, de uma moda que se manifesta no público de consumidores; mas, quando estiverdes prontos a fornecer a mercadoria, a fantasia terá passado e se fixado em outro gênero de produto... [são] consequências infalíveis a permanência e a universalização das bancarrotas, defraudações, as ruínas súbitas e as fortunas improvisadas; as crises comerciais, o desemprego, os empecilhos ou a escassez periódica; a instabilidade e o aviltamento dos salários e dos lucros; a perda ou o enorme desperdício de riquezas, de tempo e de esforços, na arena de uma renhida concorrência"[40] (p. 414-416, l. c.).

Ricardo, em seu livro (*Renda da terra*): as nações são apenas *ateliers* das produções, o ser humano é uma máquina de consumir e produzir; a vida humana, um capital; as leis econômicas regem o mundo cegamente. Para Ricardo, os seres humanos são nada; o produto, tudo. No capítulo XXVI da tradução francesa diz-se:

"Seria completamente indiferente para uma pessoa que, de um capital de 20.000 francos, tivesse 2.000 francos de lucro por ano, que seu capital empregasse cem homens ou mil... O real interesse de uma nação não é o mesmo? Desde que sua renda líquida e real e que as suas rendas fundiárias e os seus lucros sejam os mesmos, que importa que ela se componha de dez ou de doze milhões de indivíduos?"... "Na verdade, diz o senhor de Sismondi (t. II,

p. 331), não resta mais do que desejar que o rei, estando sozinho na ilha, faça realizar, por meio de autômatos, girando constantemente uma manivela, todo o trabalho da Inglaterra."[41]

"O proprietário, que compra o trabalho do trabalhador a um preço tão baixo que mal é suficiente para as necessidades mais urgentes, não é responsável nem pela insuficiência dos salários, nem pela duração mais longa do trabalho: ele mesmo se submete à lei que impõe... não é tanto dos homens que vem a miséria, mas do poder das coisas"[42] (l. c., p. 82).

"Na Inglaterra, há muitos lugares onde faltam aos habitantes os capitais para um pleno cultivo da terra. Em grande parte, a lã das províncias do sul da Escócia tem de fazer uma longa viagem por terra, por caminhos difíceis, para ser elaborada no condado de York, porque faltam capitais para a manufatura em seu local de produção. Na Inglaterra há muitas cidades fabris pequenas, a cujos habitantes falta capital suficiente para o transporte do seu produto industrial a mercados afastados, onde o mesmo encontre demanda e consumidores. Aqui, os comerciantes são ||XIV| apenas agentes de comerciantes mais ricos, que residem em algumas grandes cidades comerciais" (Smith, t. II, p. 382). "Para aumentar o valor do produto anual da terra e do trabalho não há outro meio senão aumentar, em *número, os trabalhadores produtivos*, ou aumentar, em poder, a *faculdade produtiva dos trabalhadores empregados anteriormente*... Em ambos os casos, quase sempre é necessário um acréscimo de capital"[43] (Smith, t. II, p. 338).

"Assim, porque reside na natureza das coisas que a acumulação de um capital é um precursor necessário da divisão do trabalho, o trabalho não pode receber nenhuma subdivisão subsequente, a não ser na proporção em que os capitais, aos poucos, acumularam-se. Quanto mais o trabalho se decompõe em subdivisões, tanto aumenta a quantidade da matéria que o mesmo número de pessoas logra realizar; e, visto que a tarefa de cada trabalhador se encontra cada vez mais reduzida a um nível maior de simplicidade, é inventada uma variedade de novas máquinas a fim de facilitar e encurtar essas tarefas. Portanto, quanto mais se expande a divisão do trabalho, é necessário, para que um mesmo número de trabalhadores[44] esteja permanentemente empregado, que se acumule de antemão uma provisão igual de víveres e uma provisão de materiais, instrumentos e ferramentas manuais, a qual é muito maior do que o necessário anteriormente, em um estado de coisas menos avançado. O número de trabalhadores em cada ramo de trabalho aumenta ao mesmo tempo em que aumenta aqui a divisão do trabalho, ou, antes, é esse aumento do seu número que os coloca em condições de se classificarem e se subdividirem dessa maneira" (Smith, t. II, p. 193, 194).

"Do mesmo modo que o trabalho não consegue obter essa grande extensão de força produtiva sem uma acumulação de capitais precedente, a acumulação de capitais naturalmente promove essa extensão. Pois o capitalista quer produzir com seu capital a maior quantidade possível de obragem, portanto esforça-se para instituir entre os seus trabalhadores a divisão do trabalho mais adequada e equipá-los com as melhores máquinas possíveis. Seus meios para obter sucesso nessas duas matérias ||XV| são proporcionais à extensão do seu capital e ao número de pessoas que esse capital consegue manter empregadas. Portanto, não apenas a quantidade da indústria aumenta em um país por intermédio do *crescimento do capital* que a movimenta, mas a mesma quantidade de indústria produz uma quantidade muito maior de obragem, em virtude desse crescimento" (Smith, l. c., p. 194, 195).

Portanto, *sobreprodução*.

"Combinações mais abrangentes das forças produtivas... na indústria e no comércio mediante a associação de forças humanas e forças naturais mais numerosas e de espécie mais diversa para empreendimentos em maior escala. Também — já aqui e ali —, ligação mais estreita dos principais ramos da produção entre si. Assim, grandes fabricantes buscarão ao mesmo tempo adquirir grande posse fundiária, ao menos para não terem de obter de terceiros uma parte das matérias-primas necessárias à sua indústria; ou então, em combinação com os seus empreendimentos industriais, eles estabelecerão um comércio não só para a venda de seu próprio fabrico, mas decerto também para a compra de produtos de outra espécie e para a venda dos mesmos aos seus trabalhadores; na Inglaterra, onde donos de fábrica às vezes chefiam sozinhos entre 10.000 e 12.000 trabalhadores... já não são raros tais estados menores ou províncias no Estado, tais combinações de ramos da produção diversos sob uma inteligência dirigente. Assim, em tempos mais recentes, os donos de minas em Birmingham assumiram todo o processo de preparação do ferro, que antes era dividido entre empresários e proprietários diversos. Cf. o artigo '*Der bergmännische Distrikt bei Birmingham*' ['O distrito mineiro em Birmingham'], *Deutsche Viertelj.*, 3, 1838. — Por fim, vemos nos maiores empreendimentos societários, tornados tão numerosos, amplas combinações entre as forças financeiras de *vários* participantes e os conhecimentos e aptidões científicos e técnicos de outros, aos quais é transferida a execução do trabalho. Desse modo [é] possível aos capitalistas empregarem suas economias de maneira mais diversificada e, decerto também ao mesmo tempo, na produção agrícola, industrial e comercial, pelo que seu interesse se torna um interesse ao mesmo tempo mais variado, ||XVI| oposições entre os interesses da agricultura, da indústria e do comércio se atenuam e se fundem. Mas mesmo essa possibilidade facilitada de tornar o capital proveitoso da maneira mais diversa tem de aumentar a oposição entre as classes providas e desprovidas de meios" (Schulz, l. c., p. 40, 41).

Enorme ganho que os senhorios extraem da miséria. O aluguel[45] é inversamente proporcional à miséria industrial.

Assim como percentuais dos vícios dos proletários arruinados. (Prostituição, bebedeira, penhorista[46].)

A acumulação dos capitais aumenta e a sua concorrência diminui enquanto capital e posse fundiária se encontrarem reunidos em uma única mão, bem como enquanto o capital, mediante sua grandeza, vir a ser capaz de combinar ramos de produção diversos.

Indiferença perante os seres humanos. Os 20 bilhetes de loteria de Smith.

Rendimento líquido e bruto[47] de Say. ||XV|

Renda fundiária

||I| O *direito dos proprietários fundiários* remonta, em origem, ao roubo (Say, t. I, p. 136 nota). Os proprietários fundiários, como todos os homens, adoram colher onde não semearam e exigem uma renda mesmo pelo produto natural da terra (Smith, t. I, p. 99).

"Poder-se-ia imaginar que a renda fundiária seria apenas o ganho do capital que o proprietário utilizou para a melhoria do solo... Há casos em que a renda fundiária pode sê-lo em parte... mas o proprietário fundiário exige 1. uma renda mesmo pela terra não melhorada, e o que se pode considerar como juro ou ganho sobre os custos do melhoramento é na maioria das vezes apenas um ingrediente (adição) a essa renda original; 2. ademais, essas melhorias são feitas nem sempre com os fundos dos proprietários fundiários, mas às vezes com os do arrendatário. Não obstante, quando se trata de renovar o arrendamento, o proprietário fundiário exige de hábito o mesmo aumento da renda, como se todas essas melhorias tivessem sido feitas com os seus próprios fundos; 3. Às vezes ele mesmo exige uma renda por aquilo que é absolutamente incapaz do menor melhoramento pela mão humana" (Smith, t. I, p. 300).

Smith dá como exemplo do último caso a barrilheira (cardo-marítimo, salicórnia),

"uma espécie de planta marinha que depois de queimada produz um sal alcalino com o qual se pode fazer vidro, sabão etc. Ela cresce na Grã-Bretanha, principalmente na Escócia, em diversos lugares, mas só nas rochas que fiquem sob o fluxo e refluxo (maré alta, maré), que sejam cobertas pelas ondas do mar duas vezes ao dia, e cujo produto, portanto, nunca tenha sido aumentado pela indústria humana. Não obstante, o dono da propriedade onde cresce essa espécie de planta exige uma renda tão boa quanto a do trigal. Na proximidade da Ilha de Shetland, o mar é extraordinariamente rico. Uma grande parte dos seus habitantes ||II|| vive da pesca. Porém, para extrair ganhos dos produtos do mar, tem de se ter uma morada nas terras avizinhadas. A renda fundiária é proporcional àquilo que o arrendatário pode fazer não com a terra, mas com a terra e o mar conjuntamente" (Smith, t. I, p. 301, 302).

"Pode-se considerar a renda fundiária como o produto do *poder da natureza*, cujo uso o proprietário empresta ao arrendatário. Esse produto é maior ou menor dependendo da amplitude desse poder ou, em outras palavras, dependendo da amplitude da fertilidade natural ou artificial da terra. É a obra da natureza que resta após dedução ou após o balanceamento de tudo que se possa considerar como obra do ser humano" (Smith, t. II, p. 377, 378).

"A *renda fundiária*, portanto, considerada como preço que se paga pelo uso da terra, é, naturalmente, um *preço de monopólio*. Ela não é nem um pouco proporcional às melhorias que o proprietário fundiário fez na terra, nem ao que ele tem de tomar para não perder, mas ao que o arrendatário possivelmente logra dar sem perder" (Smith, t. I, p. 302).

"Das três classes primitivas, a dos proprietários fundiários é aquela cujo rédito não custa nem trabalho nem cuidado, mas que, por assim dizer, advém por si mesmo, e sem que ela lhe acrescente qualquer intenção ou plano" (Smith, t. II, p. 161).

Já ouvimos que a quantidade da renda fundiária depende da medida de *fertilidade* do solo.

Um outro momento da sua determinação é a *localização*.

"A renda varia conforme a *fertilidade* da terra, por qualquer que seja o seu produto, e conforme a localização, por qualquer que seja a fertilidade" (Smith, t. I, p. 306).

"Caso as terras, as minas, a pesca forem da mesma fecundidade, então seu produto será proporcional à extensão dos capitais que se aplicam para suas cultura e exploração, assim como à maneira mais ||III| ou menos hábil da aplicação dos capitais. Caso os capitais sejam iguais e aplicados de modo igualmente hábil, o produto será proporcional à fecundidade natural das terras, da pesca e das minas" (t. II, p. 210).

Essas teses de Smith são importantes porque, quando de custos de produção e volume iguais, elas reduzem a renda fundiária à maior ou à menor fertilidade da terra, ou seja, elas demonstraram claramente a inversão dos conceitos na teoria da economia nacional, que transforma a fertilidade da terra em um atributo do detentor da posse fundiária.

Mas consideremos agora a renda fundiária tal como ela se afigura no trato real.

A renda fundiária é estabelecida mediante *a luta entre arrendatário* e *proprietário fundiário*. Na teoria da economia nacional, encontramos reconhecidas, por toda parte, a oposição hostil dos interesses, a luta, a guerra, como o fundamento da organização social.

Vejamos então como os proprietários fundiários e os arrendatários se encontram um em relação ao outro.

> "O proprietário fundiário, quando da estipulação das cláusulas do arrendamento, possivelmente busca não deixar ao arrendatário nada mais do que o suficiente para compensar o capital que provê as sementes, paga o trabalho, sustenta e compra animais e outros instrumentos, e que além disso traga o ganho ordinário dos demais arrendamentos no cantão. Evidentemente, essa é a menor parte com que o arrendatário pode se contentar sem ter perda, e o proprietário fundiário raramente tem a intenção de deixar-lhe mais. Tudo do produto ou do seu preço que fique além dessa porção, sem importar como o resto seja obtido, o proprietário busca reservar a si como renda fundiária, a maior que o arrendatário, no atual estado da terra, ||IV| consiga pagar. Esse excedente pode sempre ser considerado como a renda fundiária natural, ou como a renda pela qual, naturalmente, a maioria dos terrenos é locada" (Smith, t. I, p. 299, 300).
> "Os proprietários fundiários'", diz Say, "exercem uma certa espécie de monopólio sobre os arrendatá-

rios. A demanda por suas mercadorias, por terreno e solo, pode se estender incessantemente; mas a quantidade das suas mercadorias só se expande até certo ponto... O negócio que se fecha entre proprietário fundiário e arrendatário é sempre o mais vantajoso possível para o primeiro... além da vantagem que ele obtém pela natureza das coisas, ele extrai uma outra da sua posição, da fortuna maior, do crédito, do respeito; a primeira já basta para que ele esteja sempre capacitado a lucrar *sozinho* com as circunstâncias favoráveis do terreno e do solo. A abertura de um canal, de uma trilha, o progresso da população e do bem-estar de um cantão sempre elevam o preço do arrendamento... O próprio arrendatário pode melhorar o solo às suas custas; mas desse capital ele só obtém vantagem durante seu arrendamento, e com sua expiração ele fica com o proprietário fundiário; este, desse momento em diante, tira juros disso sem ter feito os adiantamentos, pois agora o aluguel se eleva proporcionalmente" (Say, t. II, p. 143).

"A renda fundiária, considerada como o preço pago pelo uso da terra, é naturalmente, por conseguinte, o preço mais alto que o arrendatário está em condições de pagar sob as atuais circunstâncias do terreno e do solo" (Smith, t. I, p. 299).

"A renda fundiária da superfície da terra, por conseguinte, perfaz na maioria das vezes apenas a terça parte do produto total e é, na maioria das vezes, uma renda fixa e independente das variações acidentais ||V| da colheita" (Smith, t. I, p. 351).

"Raramente essa renda perfaz menos de 1/4 do produto total" (Ib., t. II, p. 378).

Não é por todas as mercadorias que a *renda fundiária* pode ser paga. Em algumas regiões, por exemplo, não é paga nenhuma renda fundiária pelas pedras.

> "Como de hábito, pode-se trazer ao mercado apenas os produtos da terra, as parcelas dos produtos da terra cujo preço ordinário seja suficiente para compensar o capital que se precise para essa transportação e o ganho ordinário desse capital. Caso o preço baste para mais do que isso, então o excedente vai naturalmente para a renda fundiária. Caso ele seja apenas suficiente, a mercadoria decerto pode ser trazida ao mercado, mas ela não basta para pagar a renda fundiária ao proprietário da terra. O preço será ou não será mais que suficiente? Isso depende da demanda" (Smith, t. I, p. 302, 303).

> "A renda fundiária entra na composição do *preço das mercadorias* de uma maneira totalmente distinta em comparação com o salário e com o ganho do capital. O *nível alto ou baixo* dos *salários e ganhos* é a *causa* do preço alto ou baixo das mercadorias: o nível alto ou baixo da renda fundiária é o *efeito* do preço" (Smith, t. I, p. 303).

Os *alimentos* fazem parte dos *produtos* que sempre trazem alguma *renda fundiária*.

> "Dado que os seres humanos, como todos os animais, multiplicam-se proporcionalmente aos seus meios de subsistência, há sempre maior ou menor demanda por alimentos. Uma ||VI| parte maior ou menor de trabalho sempre poderá comprar alimentos, e sempre será encontrada gente disposta a fazer algo para obtê-los. O trabalho que pode comprar alimentos não é sempre *igual* ao trabalho que poderia subsistir pelos mesmos se eles fossem repartidos da

maneira mais econômica, e isso devido aos salários, às vezes altos. Mas o trabalho sempre pode comprar tanto alimento quanto possa fazer subsistir o trabalho, conforme o nível em que essa espécie de trabalho, habitualmente, encontre-se no campo. Em quase todas as situações possíveis, a terra produz mais alimentos do que o necessário para a subsistência de todo o trabalho que contribua para trazer esses alimentos ao mercado. O excedente desses alimentos é sempre mais do que o suficiente para compensar com ganho o capital que move esse trabalho. Portanto, sempre resta algo para dar uma renda ao proprietário fundiário" (Smith, t. I, p. 305, 306). "A renda fundiária tem nos alimentos não apenas sua origem primeira; antes, mesmo que outra parte do produto da terra chegue a prover uma renda em sequência, a renda deve esse acréscimo de valor ao crescimento do poder que o trabalho alcançou para produzir alimentos, por meio do cultivo e da melhoria da terra" (Smith, t. I, p. 345). "Os alimentos dos seres humanos, portanto, sempre bastam para o pagamento da renda fundiária" (t. I, p. 337). "Os países se povoam não na proporção do número de pessoas que seu produto logre vestir e albergar, mas na proporção daquilo que seu produto consiga alimentar" (Smith, t. I, p. 342). "As duas maiores carências humanas, depois da de alimento, são as de vestuário e de morada. Na maioria das vezes elas proveem uma renda fundiária, nem sempre necessariamente" (t. I, ib., p. 338). |VI||

||VIII| Vejamos agora como o proprietário fundiário explora todas as vantagens da sociedade.

1. A renda fundiária aumenta junto com a população (Smith, t. I, p. 335).

2. Já ouvimos de Say como a renda fundiária aumenta com as estradas de ferro etc., com a melhoria e a segurança, e com a multiplicação dos meios de comunicação.

3. "Cada melhoria no estado da sociedade tende *direta* ou *indiretamente* a aumentar a renda fundiária, a aumentar a riqueza real do proprietário, isto é, o seu poder de comprar trabalho alheio ou seu produto... O incremento na melhoria das terras e do cultivo tende diretamente a isso. A parcela do proprietário no produto aumenta necessariamente com o aumento do produto... O aumento no preço real dessas espécies de matérias-primas, por exemplo, o aumento no preço do gado, tende também diretamente a aumentar a renda fundiária, e em uma proporção ainda maior. O valor real da parcela do proprietário fundiário, o poder real que essa parcela lhe dá sobre o trabalho alheio, não apenas aumenta necessariamente com o valor real do produto, mas também a grandeza dessa parcela aumenta proporcionalmente ao produto total junto com esse valor. Depois de ter aumentado o preço real desse produto, ele não requer nenhum trabalho maior para que seja entregue, nem para compensar o capital aplicado juntamente com os seus ganhos ordinários. A parcela restante do produto, que pertence ao proprietário fundiário, será então muito maior do que era antes em relação ao produto total" (Smith, t. II, p. 157-159).

||IX| A demanda maior por produtos não elaborados — e, por conseguinte, o aumento do valor — pode em parte remontar ao aumento da população e ao aumento das suas carên-

cias. Mas cada nova invenção, cada novo emprego que a manufatura faz de uma matéria-prima até agora não ou pouco utilizada, aumentam a renda fundiária. Assim, por exemplo, a renda das minas de carvão subiu enormemente com as estradas de ferro, os navios a vapor etc.

Além dessa vantagem que o proprietário fundiário obtém a partir da manufatura, das descobertas, do trabalho, logo veremos mais outra.

> 4. "As espécies de melhorias na força produtiva do trabalho que objetivam diretamente a redução do preço real dos produtos manufaturados tendem indiretamente a aumentar a renda fundiária real. É que o proprietário fundiário troca por produto manufaturado a parte da sua matéria-prima que exceda o seu consumo pessoal, ou o preço dessa parte. Tudo o que reduza o preço real da primeira espécie de produto aumenta o preço real da segunda. A mesma quantidade de produto não elaborado corresponde então a uma quantidade maior de produto manufaturado, e o proprietário fundiário se encontra em condições de obter para si uma quantidade maior de conveniências, ornamentos e de artigos de luxo" (Smith, t. II, p. 159).

Mas é disparatado quando Smith, então, a partir da circunstância de o proprietário fundiário explorar todas as vantagens da sociedade, ||X| infere (p. 161, t. II) que o interesse do proprietário fundiário é sempre idêntico ao da sociedade. Na economia nacional, sob a dominação da propriedade privada, o interesse que alguém tenha pela sociedade está em relação diretamente inversa com o interesse que a sociedade tem pelo mesmo, assim como o interesse do usurário pelo perdulário não é, de modo nenhum, idêntico ao interesse do perdulário.

Mencionamos apenas de passagem a obsessão monopolista do proprietário fundiário pela propriedade fundiária de países estrangeiros, de onde datam, por exemplo, as Leis dos Cereais. Do mesmo modo, aqui passamos ao largo da servidão medieval, da escravidão nas colônias, da miséria da gente do campo, dos diaristas na Grã-Bretanha. Atenhamo-nos às teses mesmas da teoria da economia nacional.

1. O proprietário fundiário está interessado no bem da sociedade, isto é, segundo os princípios fundamentais da teoria da economia nacional, ele está interessado em sua população a progredir, na produção artística, no aumento de suas carências, com uma palavra, no crescimento da riqueza, e esse crescimento é, de acordo com nossas considerações anteriores, idêntico ao crescimento da miséria e da escravidão. A proporção crescente do aluguel com a miséria é um exemplo do interesse do proprietário fundiário pela sociedade, pois com o aluguel cresce a renda fundiária, o juro do solo sobre o qual a casa se encontra.

2. Segundo o próprio teórico da economia nacional, o interesse do proprietário fundiário é a oposição hostil do interesse do arrendatário; ou seja, já de uma parte significativa da sociedade.

||XI| 3. Visto que o proprietário fundiário pode exigir do arrendatário tanto mais renda quanto menos salário o arrendatário pague, e visto que o arrendatário reduz o salário quanto mais renda fundiária o proprietário exija, o interesse do proprietário fundiário é agora tão hostil ao interesse dos serventes da lavoura quanto o do dono da manufatura em relação a seus trabalhadores. Ele também reduz o salário a um mínimo.

4. Portanto, visto que a diminuição real no preço dos produtos manufaturados aumenta a renda fundiária, o detentor da posse fundiária tem um interesse direto na redução do salário dos trabalhadores da manufatura, na concorrência entre os capitalistas, na sobreprodução, na miséria total da manufatura.

5. Assim, se o interesse do proprietário fundiário, muito longe de ser idêntico ao interesse da sociedade, encontra-se na hostil oposição ao interesse dos arrendatários, dos serventes da lavoura, dos trabalhadores da manufatura e dos capitalistas, então nem mesmo o interesse de um proprietário fundiário é idêntico ao do outro, devido à concorrência que agora queremos considerar.

Em geral, a grande propriedade fundiária e a pequena já se portam como grande e pequeno capital. Mas a isso se acrescentam ainda circunstâncias especiais que necessariamente promovem a acumulação da grande propriedade fundiária e o engolimento da pequena pela mesma.

||XII| 1. Em âmbito nenhum o número proporcional de trabalhadores e instrumentos se reduz mais com a grandeza dos fundos do que na posse fundiária. Do mesmo modo, em âmbito nenhum a possibilidade da exploração geral, a economia dos custos de produção e a hábil divisão do trabalho aumentam mais com a grandeza dos fundos do que na posse fundiária. Por menor que seja um campo, os instrumentos de trabalho que ele faz necessário, como a charrua, a serra etc., atingem certo limite no qual não podem mais ser reduzidos, ao passo que a pequenez da posse fundiária pode ir muito além desse limite.

2. A grande posse fundiária acumula para si os juros que o capital do arrendatário aplicou para a melhoria da terra e do solo. A pequena posse

fundiária precisa aplicar o seu próprio capital. Para ela, portanto, todo esse lucro é suprimido.

3. Enquanto cada melhoria social é proveitosa à grande propriedade fundiária, ela prejudica a pequena porque a torna cada vez mais dependente de dinheiro corrente.

4. Ainda há duas importantes leis a serem consideradas em relação a essa concorrência:

> α) A renda das terras que sejam cultivadas para a produção de meios alimentícios dos seres humanos regula a renda da maioria das demais terras cultivadas (Smith, t. I, p. 331).

Por fim, só a grande posse fundiária logra produzir meios alimentícios como gado etc. Portanto, ela regula a renda das demais terras e pode reduzi-la a um mínimo.

O pequeno proprietário fundiário que trabalha para si está para o grande proprietário fundiário, então, tal como um artesão que possua um instrumento *próprio* está para o dono da fábrica. A pequena posse fundiária se tornou mero instrumento de trabalho. ||XVI| A renda fundiária se desvanece totalmente para o pequeno detentor de posse fundiária; resta-lhe no máximo o juro do seu capital e o seu salário; pois a renda fundiária pode ser impelida pela concorrência a se tornar somente o juro do capital não investido por ele próprio.

> β) A propósito, já ouvimos que, quando de igual fecundidade e quando de exploração igualmente habilidosa das terras, das minas e da pesca, o produto é proporcional à extensão dos capitais. Vitória, portanto, do grande proprietário fundiário. Igual quando de capitais iguais, proporcionalmente à

fecundidade. Assim, quando de capitais iguais, sai vitorioso o proprietário fundiário do solo mais fértil.

γ) "Em geral, pode-se dizer de uma mina que ela é fecunda ou infecunda a depender se a quantidade de mineral que pode ser extraída da mesma com certa quantidade de trabalho é maior ou menor do que a mesma quantidade de trabalho consegue extrair da maioria das outras minas da mesma espécie" (Smith, t. I, p. 345, 346). "O preço da mina mais fecunda regula o preço do carvão para todas as outras minas da vizinhança. Proprietário fundiário e empresário acham ambos que terão, um, uma renda maior, o outro, um lucro maior, se venderem a um preço mais reduzido do que os seus vizinhos. Os vizinhos são então obrigados a vender pelo mesmo preço, embora poucos estejam em condições de fazê-lo, e embora esse preço diminua cada vez mais e às vezes lhes tire toda a renda e todo o lucro. Algumas explorações se encontram então totalmente abandonadas, outras não trazem mais nenhuma renda e só podem continuar a ser operadas pelo próprio proprietário fundiário" (Smith, t. I, p. 350). "Depois da descoberta das minas do Peru, a maior parte das minas de prata da Europa foram abandonadas... O mesmo ocorreu com as minas de Cuba e Santo Domingo, e até com as antigas minas do Peru após a descoberta das de Potosi" (p. 353, t. I).

Exatamente o mesmo que Smith diz aqui sobre as minas vale mais ou menos a respeito da posse fundiária em geral.

δ) "Observe-se que o preço ordinário das terras sempre depende da taxa de juro ordinária... Se a renda fundiária ficasse abaixo do juro monetário por uma diferença muito maior, ninguém teria intenção de comprar terras, o que logo tornaria a reduzir o seu preço ordinário. Pelo contrário, se as vantagens da renda fundiária muito mais que compensassem o juro monetário, então todo mundo teria intenção de comprar terras, o que logo também restabeleceria seu preço ordinário" (t. II, p. 368).

Dessa relação da renda fundiária com o juro monetário, segue-se que a renda fundiária tem de cair cada vez mais, de modo que, por fim, somente as pessoas mais ricas conseguem viver da renda fundiária. Portanto, a concorrência entre os proprietários fundiários não arrendadores [é] cada vez maior: ruína de uma parte dos mesmos. Acumulação reiterada da grande propriedade fundiária.

||XVII| Ademais, essa concorrência tem como consequência que uma grande parte da propriedade fundiária cai nas mãos dos capitalistas, e os capitalistas se tornam ao mesmo tempo proprietários fundiários, assim como os proprietários fundiários menores, em geral, já são apenas capitalistas. Igualmente, uma parte da grande propriedade fundiária se torna, ao mesmo tempo, industrial.

A última consequência, portanto, é a dissolução da diferença entre capitalista e proprietário fundiário, de modo que então, no todo, haja somente duas classes de população, a classe trabalhadora e a classe dos capitalistas. Esse desbaratamento da propriedade fundiária, a transformação da propriedade fundiária em uma mercadoria, é a queda final da velha aristocracia e a consumação última da aristocracia financeira.

1. Não compartilhamos as lágrimas sentimentais que o romantismo verte sobre isso.

Ele sempre confunde o opróbrio que reside no *desbaratamento da terra* com a consequência — totalmente racional, necessária e desejável dentro da propriedade privada — que está implicada no *desbaratamento da propriedade privada* da terra. Em primeiro lugar, a propriedade fundiária feudal já é, na sua essência, a terra desbaratada, a terra estranhada ao ser humano e, por conseguinte, a terra que, defronte ao mesmo, surge na forma de alguns poucos grandes senhores.

A dominação da terra, como um poder estranho acima dos seres humanos, é encontrada já na posse fundiária feudal. O servo é o acidente da terra. Do mesmo modo, o morgado, o primogênito, pertence à terra. Ela o herda. Em geral, a dominação da propriedade privada se inicia com a posse fundiária, ela é sua base. Mas, na posse fundiária feudal, o senhor ao menos *aparece* como rei da posse fundiária. Do mesmo modo, existe ainda a aparência de uma relação mais intrínseca entre o dono e a terra do que a da mera riqueza *material*. O terreno se individualiza junto com seu senhor, ele tem sua posição, é baronial ou condal junto com ele, tem seus privilégios, sua jurisdição, sua relação política etc. Ele aparece como o corpo inorgânico do seu senhor. Daí o provérbio: *nenhuma terra sem dono*[48], no qual é expresso o ser concrescente da magnificência e da posse fundiária. Do mesmo modo, a dominação da propriedade fundiária não aparece de imediato como dominação do mero capital. Os seus se encontram com ela mais na relação de pátria sua. É uma espécie aminguada de nacionalidade.

||XVIII| Do mesmo modo, a propriedade fundiária feudal dá o nome ao seu senhor como um reino ao seu rei. Sua história familiar, a história de sua casa etc., tudo isso individualiza para ele a posse fundiária, e a torna literalmente sua casa, uma pessoa. Do mesmo modo, os encarregados

do trabalho na posse fundiária não têm a relação de *diaristas*, senão que eles mesmos são, em parte, propriedade sua tal como os servos o são, em parte se encontram em relação de respeito, submissão e de dever com a mesma. Daí sua posição perante estes ser diretamente política e ter, do mesmo modo, um aspecto *acolhedor*. Costumes, caráter etc. mudam de um terreno para o outro e surgem em unidade com o lote de terra, ao passo que, mais tarde, somente a bolsa do homem — não seu caráter, nem sua individualidade — o liga ao terreno. Por fim, ele não busca tirar a maior vantagem possível da sua posse fundiária. Antes, ele consome o que aí está, e, sem sobressalto, deixa aos servos e arrendatários a preocupação com os arranjos. Essa é a relação *aristocrática* da posse fundiária, que lança sobre seu senhor uma glória romântica.

É necessário que essa aparência seja suprassumida, que a propriedade fundiária, a raiz da propriedade privada, seja totalmente arrastada para dentro do movimento da propriedade privada e se torne mercadoria, que a dominação do proprietário apareça como a pura dominação da propriedade privada, do capital, subtraída de todo matiz político, que a relação entre proprietário e trabalhador se reduza à relação nacional-econômica entre explorador e explorado, que a [...] relação pessoal do proprietário com sua propriedade termine, e a mesma se torne riqueza apenas *material*, que no lugar do matrimônio por honra com a terra entre o matrimônio por interesse, e a terra, do mesmo modo que o ser humano, desça à condição de valor de regateio. É necessário que aquilo que seja a raiz da propriedade fundiária, o sórdido interesse pessoal, apareça também na sua forma cínica. É necessário que o monopólio inerte se transforme no monopólio movimentado e inquietado; a concorrência, a fruição ociosa do suor sanguífero alheio, no do ativo comércio com o mesmo. Por fim, é necessário que, nessa concorrência, a propriedade fundiária, sob a forma do capital, mostre a sua dominação tanto sobre a classe trabalhadora quanto sobre os proprietários mesmos na medida em que as leis do movimento do capital os arruínem, ou os elevem. Com isso, entra no lugar do provérbio medievo "nenhuma terra sem senhor"[49] o provérbio moderno "o dinheiro não tem dono"[50], no qual é expressa a dominação total da matéria morta sobre os seres humanos.

||XIX| 2. No que diz respeito à discórdia sobre a divisão ou a não divisão da posse fundiária, deve-se observar o seguinte.

A *divisão da posse fundiária* nega o *grande monopólio* da propriedade fundiária, ela o suprassume, mas apenas por *universalizar* esse monopólio. Ela não suprassume o fundamento do monopólio, a propriedade privada. Ela ataca a existência, mas não a essência do monopólio. A consequência disso é que ela se torna vítima das leis da propriedade privada. A divisão da posse fundiária, a saber, corresponde ao movimento da concorrência no âmbito industrial. Além das desvantagens nacional-econômicas dessa divisão de instrumentos e do trabalho separado (a ser bem distinguida da divisão do trabalho; o trabalho não é distribuído entre muitos, mas o mesmo trabalho é executado por cada um para si, é uma multiplicação do mesmo trabalho), essa divisão necessariamente se transforma, como aquela concorrência, de novo em acumulação.

Assim, onde quer que a divisão do trabalho tenha lugar, não resta nada senão regressar ao monopólio em uma forma ainda mais hostil, ou negar, suprassumir, a divisão mesma da posse fundiária. Só que isso é não o regresso à posse feudal, mas a suprassunção da propriedade privada da terra e do solo em geral. A primeira suprassunção do monopólio é sempre a sua universalização, o ampliamento da sua existência. A suprassunção do monopólio que tenha atingido sua existência mais extensa e abrangente possível é a sua completa aniquilação. A associação, aplicada à terra e ao solo, partilha a vantagem da grande posse fundiária no aspecto nacional-econômico, e apenas realiza a tendência original da divisão, a saber, a igualdade, assim como ela também estabelece, então, a relação acolhedora do ser humano com a terra, de uma maneira racional e não mais intermediada por servidão, dominação, nem por um disparatado misticismo de propriedade, na medida em que a terra deixa de ser um objeto de regateio e se torna, de novo, mediante o trabalho livre e a livre-fruição, uma propriedade verdadeira, pessoal, do ser humano. Uma grande vantagem da divisão é que, em propriedade, a sua massa é arruinada de uma maneira distinta da indústria, uma massa que não pode mais se decidir pela servidão.

No que diz respeito à grande posse fundiária, os seus defensores, sempre de uma maneira sofista, identificaram com a grande propriedade fundiária as vantagens nacional-econômicas que a agricultura oferece no todo, como se não fosse justamente apenas pela suprassunção da propriedade que essa vantagem, em parte, ||XX| obtivesse a sua maior extensão possível, em parte viesse a ser de utilidade social. Do mesmo modo, eles atacaram o espírito de desbaratamento próprio à pequena posse fundiária, como se a grande posse fundiária, mesmo já na sua forma feudal, não contivesse em si, de modo latente, o regateio, sem falar na forma inglesa moderna, onde são unidos o feudalismo do senhor fundiário e o regateio e a indústria do arrendatário.

Assim como a grande propriedade fundiária pode devolver a acusação de monopólio que a divisão da posse fundiária lhe faz, visto que a divisão também se baseia no monopólio da propriedade privada, a divisão da posse fundiária pode devolver à grande posse fundiária a acusação de divisão, pois aqui também domina a divisão, só que em forma rígida, inteiriçada. Em geral, a propriedade privada se baseia no ser-dividido. A propósito, assim como a divisão da posse fundiária reconduz à grande posse fundiária como riqueza de capital, a propriedade fundiária feudal tem necessariamente de prosseguir à divisão, ou ao menos de cair nas mãos dos capitalistas, por mais voltas que queira dar.

Pois a grande propriedade fundiária, como na Inglaterra, impele a maioria preponderante da população aos braços da indústria e reduz seus próprios trabalhadores à plena miséria. Assim, ela engendra e amplia o poder do seu inimigo, do capital, da indústria, na medida em que lança os pobres e toda uma atividade do país ao outro lado. Ela torna industrial – ou seja, oponente da grande propriedade fundiária – a maioria do país. Se a indústria tiver alcançado um poder elevado, como agora na Inglaterra, ela aos poucos toma da grande propriedade fundiária o seu monopólio contra o estrangeiro e a lança à concorrência com a propriedade fundiária do estrangeiro. Sob a dominação da indústria, a propriedade fundiária mesma só lograva assegurar sua grandeza feudal mediante monopólios contra o estrangeiro, para assim se proteger das leis gerais do comércio que contradizem sua essência feudal. Uma vez lançada à concorrência, ela segue as leis da concorrência como qualquer outra mercadoria que seja submetida àquela. Ela se torna igualmente oscilante, a diminuir e a aumentar, voando de uma mão para a outra, e nenhuma lei consegue mais conservá-la em poucas mãos predestinadas. ||XXI| A consequência imediata é a fragmentação em várias mãos, no mínimo a sucumbência ao poder dos capitais industriais.

Por fim, a grande posse fundiária que foi conservada dessa forma, pela força, e engendrou ao seu lado uma indústria tremenda, leva à crise ainda mais rapidamente do que a divisão da posse fundiária, ao lado da qual o poder da indústria permanece sempre como de segunda ordem.

A grande posse fundiária, como vemos na Inglaterra, já se despojou do seu caráter feudal e assumiu um caráter industrial, na medida em que quer fazer a maior quantidade possível de dinheiro. Ela [traz] ao proprietário a maior renda fundiária possível; ao arrendatário, o maior lucro possível de seu capital. Por conseguinte, os trabalhadores rurais já são reduzidos ao mínimo, e, dentro da posse fundiária, a classe dos arrendatários já representa o poder da indústria e do capital. Por meio da concorrência com o estrangeiro, a renda fundiária, em grande parte, deixa de poder constituir um rendimento independente. Uma grande parcela dos proprietários fundiários tem de assumir o lugar dos arrendatários, que, dessa maneira, em parte, descem à condição de proletariado. Por outro lado, muitos arrendatários também vêm a se apossar de propriedade fundiária; pois os grandes proprietários, que, com seu confortável rédito, entregaram-se em grande parte ao perdularismo e que, na maioria das vezes, também são inaptos para gerir a agricultura no geral, em parte não possuem capital nem capacidade para explorar a terra e o solo. Portanto, uma parcela destes também será arruinada por completo. O salário, por fim, reduzido a um mínimo, tem de ser reduzido ainda mais, para subsistir à nova concorrência. Isso conduz então, necessariamente, à revolução.

A propriedade fundiária teve de se desenvolver de cada uma dessas duas maneiras para vivenciar em ambas a sua decadência necessária, assim como a indústria, na forma do monopólio e na forma da concorrência, também teve de se arruinar para aprender a acreditar no ser humano. |XXI||

[O trabalho estranhado]

||XXII| Partimos dos pressupostos da teoria da economia nacional. Aceitamos sua linguagem e suas leis. Supusemos a propriedade privada, a separação entre trabalho, capital e terra, igualmente entre salário, lucro de capital e renda fundiária, assim como a divisão do trabalho, a concorrência, o conceito de valor de troca etc. A partir da teoria da economia nacional mesma, com suas próprias palavras, mostramos que o trabalhador desce à condição de mercadoria, e da mais miserável mercadoria, que a miséria do trabalhador se encontra na proporção inversa do poder e da grandeza da sua produção, que o resultado necessário da concorrência é a acumulação do capital em poucas mãos, ou seja, o mais temerário restabelecimento do monopólio, que, finalmente, desvanece-se a diferença entre o capitalista e o rentista fundiário, assim como entre o lavrador e o trabalhador da manufatura, e toda a sociedade tem de se decompor nas duas classes dos *proprietários* e dos *trabalhadores* sem propriedade.

A teoria da economia nacional parte do *factum* da propriedade privada. Ela não nos explica o mesmo. Ela apreende em fórmulas gerais, abstratas, que na realidade valem então como *leis* para ela, o processo *material* da propriedade privada pelo qual esta passa. Ela não *concebe* estas leis, isto é, não demonstra como elas provêm da essência da propriedade privada. A teoria da economia nacional não nos dá nenhuma informação sobre o fundamento da divisão entre trabalho e capital, entre capital e terra. Por exemplo, quando determina a relação do salário com o lucro de capital, ela considera fundamento último o interesse do capitalista; isto é, ela supõe o que ela deve desenvolver. Do mesmo modo, a concorrência se embrenha por toda parte. Ela é explicada a partir de circunstâncias externas. Até que ponto estas circunstâncias externas, aparentemente acidentais, são apenas a expressão de um desenvolvimento necessário, sobre isso a teoria da economia nacional não nos instrui nada. Vimos como a troca mesma lhe aparece como um *factum* acidental. As únicas rodas que o teórico da economia nacional põe em movimento são a *ganância* e a *guerra entre os gananciosos, a concorrência.*

Por exemplo, justamente porque a teoria da economia nacional não compreende o contexto do movimento, a doutrina da concorrência podia se contrapor à doutrina do monopólio; a doutrina da liberdade comercial, à doutrina da corporação; a doutrina da divisão da posse fundiária, em turno, à doutrina da grande propriedade fundiária — pois concorrência, liberdade comercial e divisão da posse fundiária eram desenvolvidas e compreendidas apenas como consequências acidentais, intencionadas, violentas, do monopólio, da corporação e da propriedade feudal, não como necessárias, inevitáveis, naturais.

Agora, portanto, temos de conceber o contexto essencial entre a propriedade privada, a ganância, a separação entre trabalho, capital e propriedade fundiária, de troca e concorrência, de valor e desvalorização do ser humano, de monopólio e concorrência etc., de todo esse estranhamento com o sistema *monetário.*

Ao contrário do teórico da economia nacional quando ele pretende esclarecer, não nos coloquemos em um estado primitivo imaginado. Tal estado primitivo não esclarece nada. Ele apenas empurra a questão a uma nebulosa, cinzenta lonjura. Ele supõe, na forma do fato, do evento, aquilo que deve deduzir, a saber, a relação necessária entre duas coisas, por exemplo entre divisão do trabalho e troca. Assim, o teólogo esclarece a origem do mal pelo pecado original, isto é, ele supõe como um *factum*, na forma da história, o que deve esclarecer.

Nós partimos de um *factum* nacional-econômico, *presente*.

O trabalhador se torna tanto mais pobre quanto mais riqueza ele produz, quanto mais sua produção aumenta em poder e volume. O trabalhador se torna uma mercadoria tão mais barata quanto mais mercadorias ele cria. Com a *valorização* do mundo das coisas, aumenta em proporção direta a *desvalorização* do mundo humano. O trabalho produz não apenas mercadorias; ele produz a si mesmo e ao trabalhador como uma *mercadoria*, e isso na proporção em que ele produz mercadorias em geral.

Esse *factum* não expressa nada além de que: o objeto que o trabalho produz, seu produto, surge defronte ao mesmo como um *ser estranho*, como um *poder independente* do producente. O produto do trabalho é o trabalho que se fixou em um objeto, fez-se material, é a *objetivação* do trabalho. A efetivação do trabalho é a sua objetivação. No estado nacional-econômico, essa efetivação do trabalho aparece como desefetivação do trabalhador; a objetivação, como *perda e servidão do objeto*; a apropriação, como *estranhamento*, como *alienação*.

A efetivação do trabalho aparece tanto como desefetivação que o trabalhador é desefetivado até morrer por fome. A objetivação aparece tanto como perda de objeto que o trabalhador é privado dos objetos mais necessários, não somente da vida, mas também dos objetos do trabalho. A rigor, o trabalho mesmo se torna um objeto, do qual ele só logra se apossar com o maior esforço e com as mais irregulares interrupções. A apropriação do objeto aparece tanto como estranhamento que, quanto mais objetos o trabalhador produz, tanto menos ele logra possuir e tanto mais ele se encontra sob a dominação do seu produto, do capital.

Todas essas consequências se encontram na determinação de que o trabalhador se relaciona com o *produto de seu trabalho* como com um objeto *estranho*. Pois conforme esse pressuposto está claro: quanto mais o trabalhador se extenua no trabalho, tanto mais poderoso se torna o mundo objetivo, estranho, que ele cria diante de si, tanto mais pobre ele mesmo se torna, tanto menos o seu mundo interior lhe pertence propriamente. É igual na religião. Quanto mais o ser humano põe em Deus, tanto menos ele retém em si mesmo. O trabalhador põe sua vida no objeto; só que agora ela pertence não mais a ele, mas ao objeto. Portanto, quanto maior essa atividade, tanto mais sem objeto é o trabalhador. Ele não é o que seja o produto do seu trabalho. Portanto, quanto maior esse produto, tanto menos ele mesmo é. A *alienação* do trabalhador em seu produto tem o significado não apenas de que seu trabalho vem a ser um objeto, uma existência *externa*, mas de que ele existe *fora dele*, independente, estranho a ele, e se torna um poder autônomo perante o mesmo, de que a vida que deu ao objeto surge defronte a ele como hostil e estranha.

||XXIII| Consideremos agora mais de perto a *objetivação*, a produção do trabalhador e, nela, o *estranhamento*, a *perda* do objeto, do seu produto.

O trabalhador não logra criar nada sem a *natureza*, sem o *mundo externo sensível*. Ela é o material em que seu trabalho se efetiva, no qual ele é ativo, a partir e por intermédio do qual ele produz.

Mas como a natureza oferece *meios de vida*, no sentido de que o trabalho não pode *viver* sem objetos nos quais é desempenhado, ela também oferece, por outro lado, os *meios de vida* no sentido estrito, a saber, os meios da subsistência física do próprio *trabalhador*.

Assim, quanto mais o trabalhador, por meio do seu trabalho, *apropria-se* do mundo externo, da natureza sensível, tanto mais ele se priva dos *meios de vida*, em duplo sentido. Primeiro, o mundo externo sensível deixa cada vez mais de ser um objeto pertencente ao seu trabalho, um *meio de vida* do seu trabalho; em segundo lugar, ele deixa cada vez mais de ser *meio de vida* no sentido imediato, meio para a subsistência física do trabalhador.

O trabalhador se torna, então, nesse duplo sentido, um servo do seu objeto; primeiro, ele obtém um *objeto do trabalho*, isto é, *trabalho*, e, em segundo lugar, obtém *meios de subsistência*. Ele logra existir, portanto, primeiro como *trabalhador*, e, em segundo lugar, como *sujeito físico*. O extremo dessa servidão é que somente como *trabalhador* ele [logra] se manter como *sujeito físico*, e é trabalhador somente como *sujeito físico*.

(Segundo as leis nacional-econômicas, o estranhamento do trabalhador em seu objeto se expressa em que, quanto mais o trabalhador produz, tanto menos ele tem para consumir; que, quanto mais valores ele cria, tanto mais sem valor e indigno ele se torna; que, quanto mais formado o seu produto, tanto mais deformado o trabalhador; que, quanto mais civilizado o seu objeto, tanto mais bárbaro o trabalhador; que, quanto mais poderoso o trabalho, tanto mais impotente o trabalhador se torna; que, quanto mais rico de espírito o trabalho, tanto mais sem espírito e servo da natureza o trabalhador se torna.)

A *teoria da economia nacional oculta o estranhamento na essência do trabalho por não considerar a relação* **imediata** *entre o* **trabalhador** (o trabalho) *e a produção*. Sem dúvida. O trabalho produz prodigiosas obras para os ricos, mas produz despojamento para o trabalhador. Ele produz palácios, mas cavernas para o trabalhador. Ele produz beleza, mas deformidades para o trabalhador. Ele substitui o trabalho por máquinas, mas lança uma parte dos trabalhadores de volta a um trabalho bárbaro, e torna máquina a outra parte. Ele produz espírito, mas produz imbecilidade, cretinismo para o trabalhador.

A relação imediata do trabalho com os seus produtos é a relação do trabalhador com os objetos da sua produção. A relação do abastado com os objetos da produção e com ela mesma é apenas uma *consequência* dessa primeira relação. E a confirma. Consideraremos mais tarde esse outro aspecto. Assim, quando perguntamos qual é a relação essencial do trabalho, perguntamos pela relação do *trabalhador* com a produção.

Até aqui consideramos o estranhamento, a alienação do trabalhador, apenas nesse aspecto, a saber, na sua *relação com os produtos do seu trabalho*. Só que o estranhamento se mostra não apenas no resultado, mas no *ato da produção*, dentro da *atividade produtiva* mesma. Como o trabalhador poderia defrontar o produto da sua atividade de modo estranho se no ato mesmo da produção ele não se estranhasse a si mesmo? Afinal, o produto é apenas o resumo da atividade, da produção. Portanto, se o produto do trabalho é a alienação, então a produção mesma tem de ser a alienação ativa, a alienação da atividade, a atividade da alienação. No estranhamento do objeto do trabalho se resume apenas o estranhamento, a alienação na atividade mesma do trabalho.

Ora, em que consiste a alienação do trabalho?

Primeiro, em que o trabalho é *externo* ao trabalhador, isto é, não pertence à sua essência; em que ele, por conseguinte, não se afirma, mas se nega em seu trabalho, sente-se não bem, mas infeliz, não desenvolve nenhuma energia física e espiritual livre, mas mortifica sua *physis* e arruína seu espírito. Daí o trabalhador só se sentir junto de si fora do trabalho, e fora de si no trabalho. Em casa, ele está quando não trabalha, e, quando trabalha, não está em casa. Daí seu trabalho ser não voluntário, mas forçado, *trabalho forçado*. Daí ele ser não a satisfação de uma carência, mas apenas um *meio* para satisfazer carências fora dele. Sua estranheza se evidencia apenas em que, tão logo não exista coerção física ou outra qualquer, vem-se a fugir do trabalho como de uma peste. O trabalho externo, o trabalho no qual o ser humano se aliena, é um trabalho de autossacrifício, de mortificação. Por fim, a externalidade do trabalho aparece para o trabalhador nisto: em que ele não é seu próprio, mas de um outro, em que ele não lhe pertence; em que, nele, ele pertence não a si mesmo, mas a um outro. Assim como na religião a autoatividade da fantasia humana, do cérebro e do coração humanos, atua sobre o indivíduo independentemente deste, isto é, como uma atividade estranha, divina ou diabólica, a atividade do trabalhador não é autoatividade sua. Ela pertence a um outro, ela é a perda de si mesmo.

Chega-se daí ao resultado de que o ser humano (o trabalhador) se sente como livremente ativo somente em suas funções animais, comer, beber e procriar, no máximo ainda na morada, no adornamento etc.; e, em suas funções humanas, somente como animal. O animal se torna o humano, e, o humano, o animal.

Comer, beber e procriar etc. decerto, também, são funções genuinamente humanas. Mas na abstração que as separa do âmbito restante da atividade humana e as torna finalidades últimas e únicas, elas são animalescas.

Consideramos o ato do estranhamento da atividade humana prática, o trabalho, em dois aspectos. 1. A relação do trabalhador com o *produto do trabalho* como objeto estranho e a se impor ao mesmo. Essa relação é ao mesmo tempo a relação com o mundo externo sensível, com os objetos da natureza como um mundo estranho, que o defronta de modo hostil. 2. A relação do trabalho com o *ato da produção* no interior do *trabalho*. Essa relação é a relação do trabalhador com sua própria atividade como uma atividade estranha, não pertencente a ele, a atividade como sofrimento, a força como impotência, a procriação como castração, a *própria* energia física e espiritual do trabalhador, sua vida pessoal – pois o que é vida senão atividade – como uma atividade voltada contra ele mesmo, independente dele, que não lhe pertencente. O *autoestranhamento*, tal como acima o estranhamento da *coisa*.

||XXIV| Mas ainda temos uma terceira determinação do *trabalho estranhado*, a se extrair das duas anteriores.

O ser humano é um ser genérico, não só na medida em que, prática e teoricamente, ele torna seu objeto o gênero, tanto seu próprio quanto o das demais coisas, mas também – e isso é apenas uma outra expressão para o mesmo – na medida em que se relaciona consigo mesmo como o gênero vivo, presente; na medida em que se relaciona consigo mesmo como um ser *universal*, por isso livre.

A vida genérica, tanto no ser humano quanto no animal, consiste fisicamente em que, primeiro, o ser humano (tal como o animal) vive da natureza inorgânica, e quanto mais universal o ser humano em comparação com o animal, tanto mais universal é o domínio da natureza inorgânica da qual ele vive. Assim como plantas, animais, pedras, ar, luz etc. formam teoricamente uma parte da consciência humana, em parte como objetos da ciência natural, em parte como objetos da arte – sua natureza inorgânica espiritual, meios de vida espirituais que ele primeiro tem de preparar para a fruição e para a digestão –, elas também formam, praticamente, uma parte da vida e da atividade humanas. Fisicamente, o ser humano vive apenas desses produtos da natureza, apareçam eles agora na forma de alimento, aquecimento, vestuário, morada etc. Praticamente, a universalidade do ser humano aparece justamente na universalidade que torna toda a natureza o seu corpo *inorgânico*, tanto na medida em que ela é 1. um meio de vida imediato quanto na medida em que ela é; 2. a matéria, o objeto e o instrumento de sua atividade vital. A natureza é o *corpo inorgânico* do ser humano, a saber, a natureza enquanto ela mesma não for corpo humano. O ser humano *vive* da natureza, isto é: a natureza é seu *corpo*, com o qual, para não morrer, ele tem de permanecer em contínuo processo. Que a vida física e espiritual do ser humano está vinculada à natureza, isso não tem nenhum outro sentido senão o de que a natureza se vincula a si mesma, pois o ser humano é uma parte da natureza.

Na medida em que o trabalho estranhado torna estranho para o ser humano 1. a natureza, 2. seu si mesmo, sua própria função ativa, sua atividade vital, ele estranha do ser humano o *gênero*; ele lhe torna a vida genérica o meio da vida individual. Primeiro, ele torna estranha a *vida genérica* e a vida individual, e, em segundo lugar, ele torna a última, em sua abstração, a finalidade da primeira, também em sua forma abstrata e estranhada.

Pois o trabalho, a *atividade vital*, a *vida produtiva* mesma, aparece ao ser humano primeiro apenas como um *meio* para a satisfação de uma carência, da carência de manutenção da existência física. Mas a vida produtiva é a vida genérica. Ela é a vida engendradora de vida. Na espécie da atividade vital reside todo o caráter de uma *species*, seu caráter genérico, e a atividade consciente livre é o caráter genérico do ser humano. A vida mesma aparece apenas como *meio de vida*.

O animal é imediatamente uno com sua atividade vital. Ele não se distingue dela. Ele é *ela*. O ser humano torna sua atividade vital mesma o objeto do seu querer e da sua consciência. Ele tem atividade vital consciente. Ela não é uma determinidade com a qual ele conflua de imediato. A atividade vital consciente distingue imediatamente o ser humano da atividade vital animal. Só por isso ele é um ser genérico. Ou ele só é um ser consciente – isto é, sua própria vida só lhe é objeto – porque é um ser genérico. Apenas por isso sua atividade é atividade livre. O trabalho estranhado inverte a relação, de modo que o ser humano, justamente porque é um ser consciente, faz da sua atividade vital, da sua *essência*, apenas um meio para sua *existência*.

O engendrar prático de um *mundo objetivo*, a *elaboração* da natureza inorgânica, é a comprovação do ser humano como um ser genérico consciente, isto é, um ser que se relaciona com o gênero como que com sua própria essência, ou consigo como ser genérico. O animal decerto também produz. Ele constrói para si um ninho, moradas, como a abelha, o castor, as formigas etc. Só que ele produz apenas aquilo de que necessita imediatamente para si ou para sua prole; ele produz unilateralmente, ao passo que o ser humano produz universalmente; ele produz apenas sob a dominação da carência física imediata, ao passo que o ser humano produz mesmo livre da carência física, e só produz verdadeiramente na liberdade da mesma; ele produz apenas a si mesmo, ao passo que o ser humano reproduz a natureza inteira; seu produto pertence imediatamente ao seu corpo físico, ao passo que o ser humano defronta seu produto de modo livre. O animal forma apenas segundo a medida e a carência da *species* à qual pertence, ao passo que o ser humano sabe produzir segundo a medida de qualquer *species* e, por toda a parte, sabe pôr no objeto a medida inerente; daí o ser humano formar também segundo as leis da beleza.

Daí o ser humano só se comprova de modo efetivo como *ser genérico* justamente na elaboração do mundo objetivo. Essa produção é a sua vida genérica laboral. Por meio dela a natureza aparece como obra e efetividade suas. Daí o objeto do trabalho ser a *objetivação da vida genérica do ser humano*: na medida em que ele efetivamente se duplica – não apenas de modo intelectual, como na consciência, mas de modo laboral – e, por conseguinte, contempla a si mesmo em um mundo por ele criado. Daí o trabalho estranhado, na medida em que arranca do ser humano o objeto da sua produção, arrancar-lhe sua *vida genérica*, sua objetividade genérica efetiva, e transformar sua vantagem perante o animal na desvantagem de lhe ser subtraído o seu corpo inorgânico, a natureza.

Do mesmo modo, na medida em que o trabalho estranhado reduz a um meio a autoatividade, a atividade livre, ele torna a vida genérica do ser humano o meio da sua existência física.

A consciência que o ser humano tem do seu gênero transforma-se, então, pelo estranhamento, de maneira que a vida genérica, para ele, torna-se meio.

Assim, o trabalho estranhado faz:

3. do *ser genérico do ser humano*, tanto da natureza quanto da sua faculdade genérica espiritual, um ser *estranho ao mesmo, o meio da sua existência individual*. Ele torna estranho ao ser humano o seu próprio corpo, tal como a natureza fora dele, tal como sua essência espiritual, sua essência *humana*.

4. Uma consequência imediata disso – de que ao ser humano é tornado estranho o produto do seu trabalho, da sua atividade vital, do seu ser genérico – é o *estranhamento do ser humano* pelo *ser humano*. Se o ser humano defronta a si mesmo, então o *outro* ser humano o defronta. O que seja válido a respeito da relação do ser humano com o seu trabalho, com o produto do seu trabalho e consigo mesmo, vale a respeito da relação do ser humano com outro ser humano, assim como com o trabalho e com o objeto do trabalho do outro ser humano.

Em geral, a asserção de que o ser humano está estranhado do seu ser genérico significa que um ser humano está estranhado do outro, assim como cada um deles o está relativamente à essência humana.

O estranhamento do ser humano – em geral, qualquer relação na qual o ser humano [se encontre] – consigo mesmo, só é efetivado, só se expressa, na relação em que o ser humano se encontre com o outro ser humano.

Portanto, na relação do trabalho estranhado, cada ser humano considera o outro segundo o padrão e a relação na qual ele mesmo se encontre enquanto trabalhador.

||XXV| Partimos de um *factum* nacional-econômico, do estranhamento do trabalhador e da sua produção. Exprimimos o conceito desse *factum*: o trabalho *estranhado, alienado*. Analisamos esse conceito, ou seja, analisamos apenas um *factum* nacional-econômico.

Continuemos agora a examinar o modo como o conceito do trabalho estranhado, alienado, tem de se exprimir e se apresentar na efetividade.

Se o produto do trabalho me é estranho, se ele surge defronte a mim como poder estranho, a quem ele pertence então?

Se minha própria atividade não me pertence, se é uma atividade estranha, forçada, a quem ela pertence então?

A um *outro* ser que não eu. Quem é esse ser?

Os *deuses*? Sem dúvida, nos primeiros tempos, a produção principal – como a construção de templos etc., no Egito, na Índia, no México – aparece a serviço dos deuses, assim como o produto também lhes pertence. Só que os deuses sozinhos nunca foram os senhores do trabalho. Tampouco a *natureza*. E qual contradição também seria que, quanto mais o ser humano subjugasse a natureza mediante seu trabalho, quanto mais os prodígios dos deuses se tornassem supérfluos devido aos prodígios da indústria, o ser humano houvesse de renunciar à alegria na produção e à fruição do produto por amor a esses poderes.

O ser *estranho* ao qual pertencem o trabalho e o produto do trabalho, a cujo serviço está o trabalho e para cuja fruição o produto do trabalho se dispõe, só pode ser o próprio *ser humano*.

Se o produto do trabalho não pertence ao trabalhador, se um poder estranho o defronta, então isso só é possível porque aquele pertence a um *outro ser humano fora o trabalhador*. Se sua atividade lhe é martírio, ela deve ser *fruição* para um outro e a alegria de vida de outrem. Não os deuses, não a natureza, apenas o próprio ser humano pode ser esse poder estranho sobre o ser humano.

Considere-se ainda a tese formulada há pouco, de que a relação do ser humano consigo mesmo só lhe é *objetiva, efetiva*, por meio da sua relação com o outro ser humano. Assim, se ele se relaciona com o produto do seu trabalho, com o seu trabalho objetivado, como que com um objeto *estranho, hostil*, poderoso, independente dele, então ele se relaciona com este de maneira que um outro ser humano, estranho a ele, hostil, poderoso, independente dele, seja o senhor desse objeto. Se ele se relaciona com sua própria atividade como que com uma atividade não livre, então ele se relaciona com ela como que com a atividade a serviço, sob a dominação, a coerção e sob o jugo de outro ser humano.

Todo autoestranhamento do ser humano, quanto a si e à natureza, aparece na relação que ele confere a si e à natureza com os outros seres humanos distintos dele. Daí o autoestranhamento religioso necessariamente aparecer na relação do leigo com o sacerdote, ou também, pois aqui se trata do mundo intelectual, com um mediador etc. No mundo prático efetivo, o autoestranhamento só logra aparecer por meio da relação prática, efetiva, com outros seres humanos. O meio pelo qual o estranhamento sucede é ele mesmo *prático*. Mediante o trabalho estranhado, portanto, o ser humano engendra não apenas sua relação com o objeto e com o ato de produção enquanto poderes estranhos e que lhe sejam hostis; ele engendra também a relação na qual outros seres humanos se encontram com sua produção e com seu produto, e a relação em que ele se encontra com esses outros seres humanos. Assim como ele engendra sua própria produção para a sua desefetivação, para a sua punição, assim como engendra seu próprio produto para a perda, para um produto que não lhe seja pertencente, ele engendra a dominação, sobre a produção e sobre o produto, daquele que não produz. Assim como ele estranha de si sua própria atividade, ele apropria, para o estranho, a atividade que não é própria a este.

Até aqui consideramos a relação apenas desde o lado do trabalhador, e mais tarde também o faremos desde o lado do não trabalhador.

Mediante o *trabalho estranhado, alienado*, o trabalhador engendra então a relação de um ser humano estranho ao trabalho – e que se encontra fora deste – com esse trabalho. A relação do trabalhador com o trabalho engendra a relação do capitalista com o mesmo, ou como se queira chamar o senhor do trabalho. A *propriedade privada*, portanto, é o produto, o resultado, a consequência necessária do *trabalho alienado*, da relação externa do trabalhador com a natureza e consigo mesmo.

A *propriedade privada*, portanto, por análise, resulta do conceito de *trabalho alienado*, isto é, de *ser humano alienado*, de trabalho estranhado, de vida estranhada, de ser humano *estranhado*.

Sem dúvida, o conceito de *trabalho alienado* (de *vida alienada*) enquanto resultado do *movimento da propriedade privada* nós apropriamos da teoria da economia nacional. Mas na análise desse conceito mostra-se que, se a propriedade privada aparece como fundamento, como causa do trabalho alienado, ela é, antes, uma consequência do mesmo, assim como os deuses também são, *originalmente*, não a causa, mas o efeito do deslize do entendimento humano. Mais tarde essa relação se transforma em ação recíproca.

Só no ponto último de culminação do desenvolvimento da propriedade privada se evidencia novamente esse seu mistério, a saber, que ela seja, por um lado, o *produto* do trabalho alienado, e, em segundo lugar, o *meio* pelo qual o trabalho se aliena, a *realização dessa alienação*.

Esse desenvolvimento logo lança luz sobre diversas colisões não solucionadas até agora.

1. A teoria da economia nacional parte do trabalho enquanto alma autêntica da produção, e mesmo assim ela confere nada ao trabalho e tudo à propriedade privada. Proudhon, a partir dessa contradição, concluiu a favor do trabalho, contra a propriedade privada. Mas entendemos que essa aparente contradição é a contradição do *trabalho estranhado* consigo mesmo, e que a teoria da economia nacional enunciou apenas as leis do trabalho estranhado.

Por conseguinte, entendemos também que *salário* e *propriedade privada* são idênticos, pois o salário, onde o produto, o objeto do trabalho, remunera o trabalho mesmo, é apenas uma consequência necessária do estranhamento do trabalho, assim como no salário o trabalho também aparece não como fim em si, mas como o servidor do salário. Nós o elucidaremos mais tarde, e agora tratamos apenas de deduzir mais algumas ||XXVI| consequências.

Um forte *aumento do salário* (deixando de lado todas as demais dificuldades, deixando de lado que ele, enquanto uma anomalia, também só seria mantido pela força) não seria então nada além de um melhor *assalariamento dos escravos*, e não teria conquistado nem ao trabalhador nem ao trabalho as suas determinação e dignidade humanas.

A rigor, mesmo a *igualdade de salários*, como reivindicada por Proudhon, apenas transforma a relação do trabalhador contemporâneo com o seu trabalho na relação de todos os seres humanos com o trabalho. A sociedade é, então, apreendida como um capitalista abstrato.

Salário é uma consequência imediata do trabalho estranhado, e o trabalho estranhado é a causa imediata da propriedade privada. Por conseguinte, um dos lados tem também de cair junto com o outro.

2. Da relação do trabalho estranhado com a propriedade privada segue-se ademais que a emancipação da sociedade ante a propriedade privada etc., ante a servidão, exprime-se na forma *política* da *emancipação dos trabalhadores*, não como se se tratasse somente da sua emancipação, mas porque na sua emancipação está implicada a emancipação universalmente humana, só que esta está nela implicada porque toda a servidão humana está envolvida na relação do trabalhador com a produção, e todas as relações de servidão são apenas modificações e consequências dessa relação.

Assim como encontramos, por *análise*, a partir do conceito de *trabalho estranhado, alienado*, o conceito de *propriedade privada*, todas as categorias nacional-econômicas podem ser desenvolvidas com a ajuda desses dois fatores, e reencontraremos em cada categoria, como por exemplo no regateio, na concorrência, no capital, no dinheiro, apenas uma *expressão determinada* e *desenvolvida* desses primeiros fundamentos.

Porém, antes de considerarmos essa configuração, busquemos resolver mais duas tarefas.

1. Determinar a *essência* universal da *propriedade privada*, tal como ela se deu enquanto resultado do trabalho estranhado, em sua relação com a *propriedade verdadeiramente humana* e *social*.

2. Assumimos o *estranhamento do trabalho*, sua *alienação*, como um *factum*, e analisamos esse *factum*. Como, perguntemos agora, o *ser humano* vem a *alienar, estranhar* o seu *trabalho*? Como esse estranhamento é fundado na essência do desenvolvimento humano? Já ganhamos muito para a resolução da tarefa quando *transformamos* a questão referente à *origem* da *propriedade privada* na questão

referente à relação do *trabalho alienado* com o desenvolvimento da humanidade. Pois quando se fala em *propriedade privada* crê-se estar lidando de uma coisa fora do ser humano. Quando se fala em trabalho, está-se lidando diretamente com o ser humano mesmo. Essa nova colocação da questão já é, inclusive, sua solução.

ad 1. Essência universal da propriedade privada e sua relação com a propriedade verdadeiramente humana.

Para nós, o trabalho alienado se decompôs em dois elementos que se condicionam mutuamente, ou que são apenas expressões diversas da mesma relação. A *apropriação* aparece como *estranhamento*, como *alienação*, e, a *alienação*, como *apropriação*; o *estranhamento*, como a verdadeira *admissão na sociedade civil.*

Consideramos esse aspecto, o do trabalho *alienado* em referência ao próprio *trabalhador*, isto é, a *relação do trabalho alienado consigo mesmo*. Como produto, como resultado necessário dessa relação, encontramos a *relação de propriedade do não trabalhador* com o *trabalhador e com o trabalho. A propriedade privada*, enquanto a expressão material, resumida, do trabalho alienado, abrange ambas as relações, a *relação do trabalhador com o trabalho e com o produto do seu trabalho* e *com o não trabalhador*, e a relação do *não trabalhador com o trabalhador* e *com o produto do seu trabalho.*

Se vimos agora que, em referência ao trabalhador que se apropria da natureza mediante o trabalho, a apropriação aparece como estranhamento, a autoatividade como atividade para um outro e como atividade de um outro, a vitalidade como sacrifício da vida, a produção do objeto como perda do objeto para um poder estranho, para um ser humano *estranho*, consideremos, então, a relação desse ser humano *estranho* ao trabalho e ao trabalhador com o trabalhador, com o trabalho e com seu objeto.

Primeiramente, observe-se que tudo o que aparece no trabalhador como *atividade da alienação, do estranhamento*, aparece junto ao não trabalhador como *estado da alienação, do estranhamento*.

Em segundo lugar, o *comportamento efetivo, prático* do trabalhador na produção e com o produto (como estado do ânimo) aparece como comportamento *teórico* junto ao não trabalhador, que se contrapõe àquele.

||XXVII| *Terceiro*. O não trabalhador faz, contra o trabalhador, tudo o que o trabalhador faz contra si mesmo, mas ele não faz contra si mesmo o que faz contra o trabalhador.

Consideremos essas três relações mais de perto. |XXVII||[51]

[Segundo Manuscrito]

[A relação da propriedade privada]

[...] ||XL| forma juros do seu capital. No trabalhador, portanto, subjetivamente, existe que o capital é o ser humano totalmente perdido de si, assim como no capital, objetivamente, existe que o trabalho é o ser humano perdido de si. Mas o *trabalhador* tem o infortúnio de ser um *capital vivo* e, por conseguinte, *carente*, que a todo momento em que não trabalha perde seus juros e, com eles, sua existência. Enquanto capital, o *valor* do trabalhador aumenta conforme a demanda e a oferta, e sua *existência*, sua *vida*, também *fisicamente*, foi e será sabida [como] uma oferta de *mercadoria*, como qualquer outra mercadoria. O trabalhador produz o capital, o capital o produz, ou seja, ele a si mesmo, e o ser humano, enquanto *trabalhador*, enquanto *mercadoria*, é o produto de todo o movimento. Ao ser humano que seja nada mais do que trabalhador, e enquanto *trabalhador*, seus atributos humanos existem apenas na medida em que existem para o capital, *que lhe é estranho*. Mas essa estranheza teve de aparecer, também, como *efetiva* porque ambos são estranhos; por conseguinte, encontram-se em uma relação indiferente, externa e acidental. Assim, tão logo ocorra ao capital – ocorrência necessária ou arbitrária – que ele não mais exista para o trabalhador, este não existe mais para si mesmo, não tem *nenhum* trabalho, por isso *nenhum* salário, e, visto que ele tem existência não *como ser humano*, mas como *trabalhador*, ele pode se deixar enterrar, morrer de fome etc. O trabalhador só existe como trabalhador tão logo exista *para si* como capital, e ele só existe como capital tão logo um *capital* exista *para ele*. A existência do capital é sua existência, sua *vida*, assim como ele determina o conteúdo da sua vida de uma maneira que lhe é indiferente. Daí a teoria da economia nacional não conhecer o trabalhador desempregado, o labutador, enquanto ele se encontre fora dessa relação de trabalho. O patife, o trapaceiro, o mendigo, o desempregado, o labutador faminto, miserável e delituoso são *formas* que existem não *para ela*, mas só para olhos outros, para os do médico, do juiz, do coveiro, do controlador dos mendicantes etc., fantasmas fora dos seus domínios. Para ela, por conseguinte, as carências do trabalhador são apenas a *carência* relativa a sustê-lo *durante o trabalho* e o tanto para que a *estirpe dos trabalhadores* não se extinga. Daí o salário ter exatamente o mesmo sentido de *sustento, manutenção de qualquer* outro instrumento produtivo, tal como o *consumo* do *capital* em geral, do qual ele necessita para se reproduzir com juros, tal como o óleo que é aplicado nas rodas para mantê-las em movimento. Por conseguinte, o salário faz parte dos *custos* obrigatórios do capital e do capitalista, e não deve ir além da carência dessa obrigação. Daí ter sido totalmente consequente quando os donos das fábricas ingleses, antes da Amendment Bill de 1834, deduziram do salário do trabalhador as esmolas públicas que ele recebia por intermédio das taxas de assistência aos pobres, e as consideraram como uma parte integrante do mesmo.

A produção compõe o ser humano não apenas como uma *mercadoria*, a *mercadoria humana*, o ser humano na determinação de *mercadoria*; ela o produz, conforme essa determinação, como um ser *desumanizado* tanto *espiritual* quanto corporalmente. – Imoralidade, disformia, hebetismo dos trabalhadores e dos capitalistas. – Seu produto é a *mercadoria consciente-de-si* e *autoativa*, a *mercadoria humana*. Grande progresso de Ricardo, Mill etc. contra Smith e Say em declarar a *existência* do ser humano – a maior ou menor produtividade humana de mercadorias – como *indiferente* e até *nociva*. Não quantos trabalhadores um capital sustente, mas quantos juros ele renda, a soma das *poupanças* anuais, seria a verdadeira finalidade da produção. Foi também um grande e consequente progresso da mais recente ||XLI| teoria da economia nacional inglesa que ela – a qual elevou o *trabalho* a princípio *único* da economia nacional – tenha exposto ao mesmo tempo, com plena clareza, a relação *inversa* entre o salário e os juros do capital, e que o capitalista, em regra, poderia ganhar *apenas* por meio da redução do salário, bem como vice-versa. Não o prejuízo do consumidor, mas o prejuízo mútuo de capitalista e trabalhador seria a relação *normal*. – A relação da propriedade privada contém em si, de forma latente, a relação da propriedade privada como *trabalho*, assim como a relação da mesma como *capital* e a *relação* dessas duas expressões uma com a outra. A produção da atividade humana enquanto *trabalho*, ou seja, enquanto uma atividade totalmente estranha a si, totalmente estranha ao ser humano e à natureza, à consciência e, por conseguinte, à externação da vida, a existência *abstrata* do ser humano como a de um mero *labutador* que, por conseguinte, pode se despenhar diariamente, do seu pleno nada ao nada absoluto, à sua não existência social e, por isso, efetiva – por outro lado, assim como a produção do objeto da atividade humana como *capital*, no que toda determinidade natural e social do objeto é *extinta*, a propriedade privada perdeu sua qualidade natural e social (ou seja, perdeu todas as ilusões políticas e gregárias, sem se mesclar com nenhuma relação *aparentemente humana)* –, no que o *mesmo* capital também permanece o *mesmo* na existência natural e social da mais diversa espécie, é completamente indiferente ao seu conteúdo *efetivo* – levada ao extremo, essa oposição é necessariamente o extremo, o apogeu e a decadência de toda a relação.

Daí, em turno, serem grandes feitos da teoria da economia nacional inglesa mais recente haver indicado a renda fundiária como diferença entre os juros da pior terra própria ao cultivo e os da melhor terra cultivada, haver indicado as fantasias românticas do proprietário fundiário – sua suposta importância social e a identidade do seu interesse com o interesse da sociedade, que Adam Smith afirmou ainda depois dos fisiocratas – e antecipado e preparado o movimento da efetividade que transformará o proprietário fundiário em um capitalista totalmente ordinário, prosaico, pelo qual simplificará, acentuará a oposição e, com isso, acelerará sua dissolução. Assim, a *terra* como *terra*, a *renda fundiária* como *renda fundiária* perderam sua *diferença estamental* e se tornaram *capital* e *juro* inexpressivos, ou, antes, que exprimem apenas dinheiro. – A *diferença* entre capital e terra, entre ganho e renda fundiária, assim como entre ambos e o salário, a *indústria*, a *agricultura*, a propriedade privada *imóvel* e *móvel*, ainda é uma diferença *histórica*, não fundada na essência da coisa, um momento histórico *fixado* da formação e do surgimento da oposição entre capital e trabalho. Na indústria, em oposição à propriedade fundiária imóvel, expressa-se apenas o modo de surgimento e a oposição com a agricultura, oposição dentro da qual a indústria se desenvolveu. Como uma espécie *particular* de trabalho, como uma diferença *essencial, importante, que abrange a vida*, essa diferença subsiste apenas enquanto a indústria (a vida citadina) forma-se *contraposta* à posse de terra (à vida feudal aristocrática) e ainda carrega em si mesma, na forma do monopólio, do grêmio, da guilda, da corporação etc., o caráter feudal da sua oposição, dentro de determinações nas quais o trabalho ainda tenha um significado *aparentemente social*, o significado de coletividade *efetiva*, nas quais o trabalho ainda não tenha prosseguido à *indiferença* ante o seu conteúdo e nem ao pleno ser para si mesmo, isto é, à abstração de qualquer outro ser, e, por isso, também não tenha passado, ainda, a capital *liberto*.

||XLII| Mas o *desenvolvimento* necessário do trabalho é a *indústria* liberta, constituída para si como tal, e o *capital liberto*. O poder da indústria sobre seu oposto se mostra já no surgimento da *agricultura* como uma indústria efetiva, ao passo que antes ela deixava o trabalho principal para o solo e para o *escravo* desse solo, pelo qual este se cultivava. Com a transformação do escravo em um trabalhador *livre*, isto é, em um *assoldadado*, o senhor fundiário, em si, transformou-se em um senhor de indústria, um capitalista, uma transformação que ocorre inicialmente pelo elo intermediário do *arrendatário*. Mas o *arrendatário* é o representante, o *segredo* revelado do proprietário fundiário; a sua existência *nacional-econômica*, sua existência enquanto proprietário privado, só é por ele – pois a renda fundiária da sua terra só existe pela concorrência entre os arrendatários. – Assim, o senhor fundiário, essencialmente, tornou-se um capitalista *comum* já no *arrendatário*. E isso tem de se consumar também na realidade; o capitalista que pratica a agricultura – o arrendatário – tem de se tornar senhor fundiário, ou vice-versa. O *regateio industrial* do arrendatário é o do *proprietário fundiário*, pois o ser do primeiro estabelece o ser do segundo.

Mas, recordando-se do seu surgimento antagônico, da sua proveniência – o proprietário fundiário conhece o capitalista como o seu escravo de ontem, petulante, liberto, enriquecido, e vê-se a si mesmo, como *capitalista*, ameaçado por aquele –, o capitalista conhece o proprietário fundiário como o senhor ocioso e cruel egoísta de ontem, sabe que ele o prejudica enquanto capitalista, mas que deve à indústria toda a sua importância social de agora, seus haveres e sua fruição, ele vê naquele uma oposição à indústria *livre* e ao capital *livre*, independente de qualquer determinação natural – essa oposição é extremamente amarga, e, reciprocamente, o que se diz é a verdade. Basta ler os ataques da propriedade imóvel à móvel, e vice-versa, para se obter uma imagem clara da sua vileza recíproca. O proprietário fundiário faz valer a nobreza hereditária da sua propriedade, os *souvenirs* feudais, reminiscências, a poesia da recordação, sua essência entusiasta, sua importância política etc., e quando falam em termos nacional-econômicos: *somente* a lavoura seria produtiva. Ao mesmo tempo, ele descreve seu oponente como um astuto, oferecido, critiqueiro, impostor, ganancioso, vendável, insurgente, sem coração e sem espírito, estranhado da coletividade e *gatuno* sem honra, sem princípios, sem poesia, sem substância, sem nada, que livremente desbarata, usura, alcovita, escraviza, adula, dissimula, caloteia, esgota, que engendra, amima e alimenta a concorrência e, por conseguinte, o pauperismo e o criminoso, a dissolução de todos os laços sociais. (Cf., entre outros, o fisiocrata Bergasse, que Camille Desmoulins já censurou em seu periódico: "Révolutions de France et de Brabant", cf. v. Vincke, Lancizolle, Haller, Leo, Kosegarten[1], e cf. Sismondi.) A propriedade móvel,

---

1 Cf. (pelo outro lado) o pomposo teólogo velho-hegeliano Funke, que, com lágrimas nos olhos, segundo o senhor Leo, conta como um escravo, quando da abolição da servidão, recusou-se a deixar de

por seu lado, aponta aos prodígios da indústria e do movimento, é a cria da era moderna e seu filho legítimo e unigênito; ela se compadece de seu oponente como um néscio *não esclarecido* quanto à sua essência (e isso é totalmente correto), que pretenderia pôr no lugar do capital moral e do trabalho livre a crua violência imoral e a servidão; ela o caracteriza como um Dom Quixote que, sob a aparência da *retidão*, da *probidade*, do *interesse geral*, da *estabilidade*, oculta a incapacidade de movimento, o sibaritismo ganancioso, o egoísmo, o interesse particular, a má intenção; ela o declara como *monopolista* manhoso; ela enfraquece suas reminiscências, sua poesia, seu entusiasmo, mediante uma enumeração histórica e sarcástica da baixeza, da crueldade, do menosprezo, da prostituição, da infâmia, da anarquia, da insurgência, cujas oficinas eram os castelos românticos.

||XLIII| Ela teria conferido ao mundo a liberdade política, rompido os grilhões da sociedade civil, unido os mundos, criado o comércio humanitário, a moral pura, a formação prestável; ela teria dado ao povo, no lugar das suas carências rudes, as suas carências civilizadas e os meios para a sua satisfação, ao passo que o proprietário fundiário – esse usurário de cereais passivo e apenas importuno – encareceria para o povo os víveres de primeira necessidade, pelo qual forçaria o capitalista a aumentar o salário sem poder aumentar a força de produção; assim impediria – por fim, suprimiria totalmente – o rendimento

---

ser *propriedade aristocrática*. Cf. tb. as *Fantasias* patrióticas de Justus Möser, que se destacam por não abandonarem em nenhum momento [...] o horizonte íntegro, pequeno-burguês, *"caseiro"*, ordinário, tacanho, do filisteu, e, apesar disso, são puras fantasmagorias. Essa contradição as torna tão atrativas ao ânimo alemão.

anual da nação, a acumulação de capitais, ou seja, a possibilidade de conferir trabalho ao povo e riqueza ao país, promoveria uma decadência geral e exploraria de forma usurária *todas* as vantagens da civilização moderna, sem fazer o mínimo por ela e até sem abdicar dos seus preconceitos feudais. Por fim, ele deveria apenas olhar para o seu *arrendatário* – ele, para quem a lavoura e o solo mesmos só existem como uma fonte de dinheiro que lhe é regalada –, e deveria dizer se ele não é um gatuno *probo, fantástico, astuto*, que, no coração e na realidade, há muito já pertence à indústria *livre* e ao *adorável* comércio, por mais que ele também resista a isso e por mais que fique a palavrear sobre lembranças históricas e fins éticos ou políticos. Tudo o que ele efetivamente apresentasse em seu favor seria verdadeiro apenas para o *lavrador* (o capitalista e os servos do trabalho), cujo *inimigo*, antes, seria o *proprietário fundiário*; ele apresentaria provas, portanto, contra si próprio. *Sem* capital, a propriedade fundiária seria matéria morta, sem valor. Sua vitória civilizada seria justamente a de ter descoberto e criado o trabalho humano como fonte de riqueza, no lugar da coisa morta (cf. Paul-Louis Courier, St. Simon, Ganilh, Ricardo, Mill, MacCulloch e Destutt de Tracy, e Michel Chevalier).

Do curso *efetivo* do desenvolvimento (a ser incluído aqui) segue-se a vitória necessária do *capitalista*, isto é, da propriedade privada desenvolvida sobre a não desenvolvida, pela metade, sobre o *proprietário fundiário*, assim como o movimento em geral já tem de alcançar vitória sobre a imobilidade; a infâmia franca e consciente de si, sobre a encoberta e a sem consciência; a *ganância*, sobre o *sibaritismo*; o confesso interesse pessoal, incansável, recorrente do *Iluminismo*, sobre o *interesse pessoal* local, prudente, probo, indolente e fantástico *da superstição*, assim como o *dinheiro* sobre a outra forma de propriedade privada.

Os estados que pressentem algo do perigo da indústria livre consumada, da moral pura e do comércio humanitário consumados, buscam deter – mas totalmente em vão – a capitalização da propriedade fundiária.

A *propriedade fundiária*, em sua diferença com relação ao capital, é a propriedade privada, o capital ainda repleto de preconceitos *locais* e políticos, ainda não totalmente regresso a si do seu enredamento com o mundo, o capital ainda *não consumado*. Ele tem de chegar à sua expressão abstrata, isto é, *pura*, no curso da sua *formação mundana*.

A relação da *propriedade privada* é trabalho, capital e a relação entre ambos. O movimento que esses elos têm a percorrer são:

Primeiro – unidade imediata ou *intermediada de ambos.*

Inicialmente, capital e trabalho ainda unidos; depois, separados e estranhados, mas elevando-se e fomentando-se reciprocamente como condições *positivas*.

Oposição de ambos. Excluem-se reciprocamente; o trabalhador conhece o capitalista, e vice-versa, como sua não existência; cada um busca arrancar do outro a sua existência.

Oposição de cada um *a* si mesmo. Capital = trabalho acumulado = trabalho. Enquanto tal, decompondo-se em *si* e em seus *juros*, assim como estes, por sua vez, em *juros* e *ganho*. Completo sacrifício do capitalista. Ele decai para a classe trabalhadora, assim como o trabalhador – mas só excepcionalmente – se torna capitalista. Trabalho como um momento do capital, seus *custos*. O salário, portanto, um sacrifício do capital.

Decompor trabalho em *si* e em *salário*. Trabalhador mesmo [como] um capital, uma mercadoria.

Oposição recíproca hostil. |XLIII||

[Terceiro Manuscrito]

[Propriedade privada e trabalho]

|I| *ad. pag.* XXXVI. A *essência subjetiva* da propriedade privada, a *propriedade privada* como atividade existente para si, como *sujeito*, como *pessoa*, é o *trabalho*. Compreende-se, portanto, que só a teoria da economia nacional que reconhecia o *trabalho* como princípio seu – Adam Smith –, ou seja, que não mais conhecia a propriedade privada somente como um *estado* fora do ser humano –, que essa teoria da economia nacional deva ser considerada tanto como um produto da *energia* efetiva e do *movimento* da propriedade privada (ela é o movimento autônomo da propriedade privada tornado para si na consciência, a *indústria* moderna como si) quanto como um produto da *indústria* moderna, assim como ela, por outro lado, acelerou, glorificou a energia e o desenvolvimento dessa *indústria* e os tornou um poder da *consciência*. Por conseguinte, os adeptos do sistema monetário e mercantil, que conhecem a propriedade privada como uma essência *apenas objetiva* para o ser humano, aparecem como *fetichistas*, como *católicos*, a essa teoria da economia nacional esclarecida que descobriu a *essência subjetiva* da riqueza – dentro da propriedade privada. Daí Engels ter chamado Adam Smith, com razão, de *Lutero da teoria da economia nacional*. Tal como Lutero reconheceu a *religião*, a *fé*, como a essência do *mundo* externo e, por conseguinte, confrontou o paganismo católico, tal como ele suprimiu a religiosidade *exter-*

na na medida em que fez da religiosidade a essência *interna* do ser humano, tal como ele negou o padreco existente fora do leigo porque colocou o padreco no coração do leigo, assim é suprimida a riqueza encontrada fora do ser humano e dele independente – a se manter e a se afirmar, portanto, apenas de uma maneira externa –, isto é, essa sua *objetividade externa irrefletida* é suprimida na medida em que a propriedade privada se incorpora ao próprio ser humano e o ser humano mesmo a reconhece como sua essência – mas, por isso, o próprio ser humano é posto na determinação da propriedade privada, tal como, em Lutero, na religião. Sob a aparência de um reconhecimento do ser humano, portanto, está a teoria da economia nacional cujo princípio [é] o trabalho, antes apenas a realização consequente da renegação do ser humano, na medida em que ele mesmo não se encontra mais em uma tensão externa com a essência externa da propriedade privada, senão que ele próprio se tornou essa essência tensionada da propriedade privada. O que antes [era] s*er-externo-a-si*, alienação real do ser humano, tornou-se apenas ato de alienação, venda. Assim, se aquela teoria da economia nacional começa sob a aparência do reconhecimento do ser humano, da sua independência, da sua autoatividade etc., e, como coloca a propriedade privada na essência mesma do ser humano, ela não pode mais ser condicionada pelas *determinações* locais, nacionais etc. da *propriedade privada* como uma *essência existente fora dela*, ou seja, desenvolve uma energia *cosmopolita*, universal, a derrubar cada barreira, cada vínculo, para se colocar no lugar como política, universalidade, barreira e vínculo *únicos* – assim, quando de desenvolvimento mais amplo, ela tem de pôr abaixo essa *hipocrisia*, evidenciar-se em *todo* o seu *cinismo*, e ela o faz na medida em que – sem se preocupar com todas as aparentes contradições em que essa doutrina a implica – desenvolve de forma muito *mais unilateral* – por isso *mais acentuada e consequente* – o *trabalho* enquanto a única *essência da riqueza*, demonstra antes como *hostis ao ser humano* as consequências dessa doutrina em oposição àquela concepção original, e, por fim, dá o golpe de misericórdia na última existência *individual, natural*, da propriedade privada e da fonte da riqueza, existente independentemente do movimento do trabalho – na *renda fundiária*, essa expressão da propriedade feudal tornada já totalmente nacional-econômica e, por conseguinte, incapaz de resistir à teoria da economia nacional. (Escola de Ricardo.) O *cinismo* da teoria da economia nacional, desde Smith a Say até Ricardo, Mill etc. não apenas aumenta relativamente, na medida em que as consequências da *indústria* surgem mais desenvolvidas e mais contraditórias aos olhos dos últimos, senão que eles também, positivamente, com consciência, vão ainda mais longe do que os seus predecessores no estranhamento com relação ao ser humano, só que *apenas* porque sua ciência se desenvolve de maneira mais consequente e verdadeira. Na medida em que eles tornam sujeito a propriedade privada em sua forma ativa, ou seja, na medida em que, ao mesmo tempo, tornam essência o ser humano e, ao mesmo tempo, tornam essência o ser humano enquanto uma inessência, a contradição da efetividade corresponde totalmente à essência contraditória que eles reconheceram como princípio. A dilacerada ||II| *efetividade da indústria* confirma seu princípio *dilacerado em si*, muito longe de o refutar. Seu princípio, afinal, é o princípio desse dilaceramento.

A doutrina fisiocrática de Dr. Quesnay retrata a transição do sistema mercantil a Adam Smith. A *fisiocracia*, de imediato, é a dissolução *nacional-econômica* da propriedade feudal, mas, por isso, igualmente de imediato, é a *transformação nacional-econômica*, restabelecimento da mesma, só que sua linguagem agora não mais vem a ser feudal, mas econômica. Toda a riqueza é decomposta em *terra* e *lavoura* (agricultura). A terra ainda não é *capital*, ela ainda é um modo *particular* da existência do mesmo, que deve vigorar em sua e *por* sua particularidade natural; mas a terra, a rigor, é um *elemento* universal, natural, ao passo que o sistema mercantil só conhece como existência de riqueza o *metal nobre*. O *objeto* da riqueza, sua matéria, logo manteve, portanto, a mais alta universalidade dentro do *limite natural* – na medida em que, enquanto *natureza*, ele ainda é natureza imediatamente objetiva. E a terra só é para o *ser humano* mediante o trabalho, a agricultura. Assim, a essência subjetiva da riqueza já é colocada no trabalho. Ao mesmo tempo, porém, a agricultura é o *único* trabalho *produtivo*. Portanto, o trabalho ainda não é apreendido em sua universalidade e sua abstração, ele ainda está vinculado a um *elemento natural* particular *como matéria sua*, daí ele também ser reconhecido ainda apenas em um *modo de existência particular determinado pela natureza*. Por conseguinte, ele é apenas uma alienação *determinada, particular*, do ser humano, assim como seu produto é apreendido ainda como uma riqueza determinada – que cabe mais ainda à natureza do que a ele próprio. A terra, aqui, ainda é reconhecida como existência natural independente perante o ser humano, ainda não é reconhecida como capital, isto é, como um momento mesmo do trabalho. Antes, o trabalho aparece como momento *seu*. Mas na medida em que o fetichismo da antiga riqueza externa, existente apenas como objeto, reduz-se a um elemento natural muito simples e sua essência é reconhecida já em sua existência subjetiva, ainda que só parcialmente, de uma maneira particular, o progresso necessário é que a *essência universal* da riqueza seja reconhecida, e o *trabalho*, por conseguinte, seja elevado a *princípio*, em sua completa absolutidade, isto é, abstração. À fisiocracia é demonstrado que a *agricultura*, no ponto de vista econômico, portanto o único legítimo, não divergiria de nenhuma outra indústria; ou seja, a *essência* da riqueza seria não algum trabalho *determinado*, ligado a um elemento particular, não uma externação particular do trabalho, mas o *trabalho em geral*.

A fisiocracia nega a riqueza *particular* externa, apenas objetiva, na medida em que declara o trabalho como sua *essência*. Inicialmente, porém, o trabalho é, para ela, apenas a *essência subjetiva* da propriedade fundiária (ela parte da espécie de propriedade que aparece historicamente como a dominante e reconhecida); ela faz apenas com que a propriedade fundiária se torne *ser humano alienado*. Ela suprime seu caráter feudal na medida em que declara a *indústria* (agricultura) como sua *essência*; mas ela se relaciona com o mundo da indústria de modo a negá-lo, ela reconhece o feudalismo na medida em que declara a *agricultura* como a *única* indústria.

Compreende-se que, tão logo seja apreendida a *essência subjetiva* da indústria a se constituir em oposição à propriedade fundiária, isto é, enquanto indústria, essa essência encerra em si aquela sua oposição. Pois, assim como a indústria abrange a propriedade fundiária suprassumida, a sua essência *subjetiva* abrange, ao mesmo tempo, *sua* essência subjetiva.

Assim como a propriedade fundiária é a primeira forma de propriedade privada, assim como a indústria historicamente a defronta de início apenas como uma espécie particular de propriedade – ou, antes, é o escravo liberto da propriedade fundiária –, esse processo se repete quando da apreensão científica da essência *subjetiva* da propriedade privada, do *trabalho*, e o trabalho aparece primeiro apenas como *trabalho de lavoura*, mas depois se faz valer como trabalho em geral.

||III| Toda riqueza se tornou riqueza *industrial, riqueza* do trabalho, e a *indústria* é o trabalho consumado, assim como a *fábrica* é a essência desenvolvida da *indústria*, isto é, do trabalho, e o *capital industrial* é a forma objetiva consumada da propriedade privada. –

Vemos como só agora a propriedade privada logra também consumar sua dominação sobre o ser humano e, na forma mais geral, tornar-se poder histórico-mundial.

[Propriedade privada e comunismo]

*ad pag. XXXIX. Mas a oposição entre *falta de propriedade* e *propriedade* é uma oposição ainda mais indiferente, não apreendida em sua *relação ativa*, em sua relação *interna*, ainda não como *contradição*, enquanto ela não for concebida como a oposição entre o *trabalho* e o *capital*. Mesmo sem o movimento avançado da propriedade privada, na Roma antiga, na Turquia etc., essa oposição pode se expressar na *primeira* forma. Assim ela ainda não *aparece* como estabelecida pela propriedade privada mesma. Mas o trabalho, a essência subjetiva da propriedade privada enquanto exclusão da propriedade, e o capital, o trabalho objetivo enquanto exclusão do trabalho, são a *propriedade privada* enquanto relação sua desenvolvida da contradição, uma relação por isso enérgica, tendente à dissolução.

**ad ibidem. A suprassunção do autoestranhamento faz o mesmo caminho que o autoestranhamento. Primeiro, a *propriedade privada* é considerada apenas em seu aspecto objetivo – o trabalho, porém, como a sua essência. Daí sua forma de existência ser o *capital*, que deve ser suprimido

"como tal" (Proudhon). Ou o *modo particular* do trabalho – enquanto trabalho nivelado, loteado e, por isso, não livre – é apreendido como a fonte da *nocividade* da propriedade privada e da sua existência estranhada com relação ao ser humano – Fourier, que, em turno, conforme os fisiocratas, também apreende o *trabalho de lavoura* no mínimo como o trabalho *preeminente*, ao passo que Saint-Simon, pelo contrário, declara como essência o *trabalho da indústria* enquanto tal, e então almeja também a dominação *exclusiva* dos industriais e a melhoria da situação dos trabalhadores. O *comunismo*, por fim, é a expressão *positiva* da propriedade privada suprassumida, a propriedade privada *universal* em primeiro lugar. Na medida em que apreende essa relação em sua *universalidade*, ele é

1. em sua primeira forma, apenas uma *universalização* e uma *consumação* da mesma; como tal, ele se mostra de uma dupla forma: ora a dominação da propriedade *material* é tão grande perante o mesmo que ele quer aniquilar tudo que não seja apto a ser possuído por todos como *propriedade privada*; ele quer abstrair do talento etc. de maneira *violenta*. A *posse* imediata, física, é considerada por ele como a única finalidade da vida e da existência; a determinação do *trabalhador* é não suprassumida, mas estendida a todos os seres humanos; a relação da propriedade privada segue sendo a relação da comunidade com o mundo das coisas; por fim, esse movimento de contrapor à propriedade privada universal a propriedade privada se expressa na forma animal, em que o *matrimônio* (que sem dúvida é uma forma de *propriedade privada exclusiva*) é contraposto à *coletivização das mulheres*[52], onde a mulher, portanto, torna-se uma propriedade *comunitária* e *comum*. Pode-se dizer que essa ideia da *coletivização das mulheres* é o *segredo expresso* desse comunismo ainda

totalmente rude e irrefletido. Assim como a mulher entra na prostituição universal a partir do matrimônio, o mundo inteiro da riqueza, isto é, da essência objetiva do ser humano, passa da relação de matrimônio exclusivo com o proprietário privado para a relação de prostituição universal com a comunidade. Esse comunismo – na medida em que ele nega por toda a parte a *personalidade* do ser humano – é a rigor apenas a expressão consequente da propriedade privada, que é essa negação. A *inveja* universal e a se constituir como poder é a forma oculta na qual a *ganância* se estabelece, e se satisfaz apenas de uma *outra* maneira. O pensamento referente a toda propriedade privada como tal está voltado *no mínimo* contra a propriedade *mais rica*, como inveja e obsessão por nivelamento, de modo que estas até constituem a essência da concorrência. O comunista rude é só a consumação dessa inveja e desse nivelamento a partir do mínimo *representado*. Ele tem uma medida *determinada limitada*. O quão pouco essa suprassunção da propriedade privada é uma apropriação efetiva, demonstra-o justamente a negação abstrata do mundo inteiro da cultura e da civilização, o retorno à *desnatural* ||IV| simplicidade do ser humano *pobre* e modesto, o qual não chegou a ir além da propriedade privada, senão que nem mesmo alcançou a mesma.

A comunidade é apenas uma comunidade do *trabalho* e a igualdade do *salário* que o capital comunitário, a *comunidade* enquanto o capitalista universal, paga. Ambos os lados da relação são elevados a uma universalidade *representada*; o *trabalho* enquanto a determinação na qual cada um está posto, o *capital* enquanto a universalidade reconhecida e o poder da comunidade.

Na relação com a *mulher* como a *presa* e a criada da volúpia comunitária é expressa a infinita degradação na qual o ser humano existe para si mesmo, pois o segredo dessa relação tem a sua expressão *inequívoca*, determinada, *revelada*, desvelada, na relação do homem com a *mulher* e na maneira como a relação genérica *imediata, natural*, é apreendida. A relação imediata, natural, necessária, do ser humano com o ser humano é a *relação* do *homem* com a *mulher*. Nessa relação genérica *natural*, a relação do ser humano com a natureza é, de imediato, sua relação com o ser humano, assim como a relação com o ser humano é, de imediato, sua relação com a natureza, sua própria determinação *natural*. Nessa relação, o ponto até o qual, para o ser humano, a essência humana se tornou natureza, ou, a natureza, essência humana do ser humano, *aparece* reduzido a um *factum* intuível, portanto *sensivelmente*. A partir dessa relação, portanto, pode-se avaliar todo o nível formacional do ser humano. Do caráter dessa relação, segue-se o ponto até o qual o *ser humano* se tornou e se apreendeu como *ser genérico*, como *ser humano*; a relação do homem com a mulher é a relação *mais natural* do ser humano com o ser humano. Assim, nela se mostra até que ponto o comportamento *natural* do ser humano se tornou *humano*, ou até que ponto a essência *humana*, para ele, tornou-se essência *natural*, até que ponto sua *natureza humana*, para ele, tornou-se *natureza*. Nessa relação também se mostra até que ponto a *carência* do ser humano se tornou carência *humana*, ou seja, até que ponto o *outro* ser humano, enquanto ser humano, tornou-se carência para ele, até que ponto ele, em sua existência mais individual, é, ao mesmo tempo, coletividade.

Portanto, a primeira suprassunção positiva da propriedade privada, o comunismo *rudimentar*, é apenas uma *forma fenomênica* da vileza da propriedade privada que quer se colocar como a *coletividade positiva*.

2. O comunismo α) democrático ou despótico conforme a natureza política; β) com suprassunção do Estado, mas ao mesmo tempo ainda não consumado, e ainda com a propriedade privada, isto é, com o estranhamento do ser humano, com essência afetada. Em ambas as formas o comunismo já se conhece como reintegração ou retorno do ser humano em si, como suprassunção do autoestranhamento humano, mas, na medida em que ele ainda não apreendeu a essência positiva da propriedade privada e tampouco a natureza *humana* da carência, ele também é mantido ainda cativo e infectado pela mesma. Ele decerto apreendeu seu conceito, mas ainda não a sua essência.

3. O *comunismo* como suprassunção *positiva* da *propriedade privada* como *autoestranhamento humano* e, por isso, como *apropriação* efetiva da essência *humana* pelo e para o ser humano; por isso, como retorno pleno – tornado consciente e intrínseco a toda a riqueza do desenvolvimento de até então – do ser humano para si enquanto um ser humano *social*, isto é, humano. Enquanto naturalismo consumado, esse comunismo é = humanismo, enquanto humanismo consumado ele é = naturalismo; ele é a *verdadeira* resolução do antagonismo do ser humano com a natureza e com o ser humano, é a verdadeira resolução do conflito entre existência e essência, entre objetivação e autoconfirmação, entre liberdade e necessidade, entre indivíduo e gênero. Ele é o enigma resolvido da história, e se conhece como essa solução.

||V| Todo o movimento da história é, por conseguinte, tanto como seu ato *efetivo* de geração – o ato do nascimento da sua existência empírica – quanto também para a sua consciência pensante, o movimento *concebido* e *sabido* do seu vir-a-ser, enquanto aquele comunismo ainda não consumado busca no existente uma prova para si, uma

prova *histórica* a partir de formas históricas particulares contrárias à propriedade privada, na medida em que arranca do movimento momentos particulares (Cabet, Villegardelle etc. montam esse cavalo em particular) e os fixa como provas da sua pletora histórica, com o que ele demonstra justamente que a parte desproporcionalmente maior desse movimento contradiz suas afirmações, e que, uma vez sido, seu ser *passado* impugna justamente a pretensão da *essência*.

Que no movimento da *propriedade privada*, precisamente da economia, todo o movimento revolucionário encontra tanto sua base empírica quanto sua base teórica, disso é fácil reconhecer a necessidade.

A propriedade privada *material*, imediatamente *sensível*, é a expressão material sensível da vida *humana estranhada*. Seu movimento – a produção e o consumo – é a revelação *sensível* do movimento de toda produção anterior, isto é, efetivação ou efetividade do ser humano. Religião, família, Estado, direito, moral, ciência, arte etc. são apenas modos *particulares* da produção e caem sob sua lei geral. A suprassunção positiva da *propriedade privada*, enquanto apropriação da vida *humana*, é, por conseguinte, a suprassunção positiva de todo estranhamento, ou seja, o retorno do ser humano à sua existência *humana*, isto é, *social*, a partir da religião, da família, do Estado etc. O estranhamento religioso como tal ocorre apenas no âmbito *da consciência*, do interior humano, mas o estranhamento econômico é o da *vida efetiva* – daí sua suprassunção abranger ambos os lados. Compreende-se que, nos diversos povos, o movimento toma seu *primeiro* começo dependendo se a verdadeira vida *reconhecida* do povo ocorre mais na consciência ou no mundo externo, se é mais a vida ideal ou a vida real. O comunismo já começa (Owen) com o ateísmo; antes de tudo, o ateísmo ainda está muito longe de ser *comunismo*, assim como esse ateísmo ainda é mais uma abstração. – A filantropia do ateísmo é, por conseguinte, em primeiro lugar, apenas uma filantropia *filosófica* abstrata; já a do comunismo, *real* e imediatamente tencionada ao *efeito*.

Vimos como, sob o pressuposto da propriedade privada positivamente suprassumida, o ser humano produz o ser humano, a si mesmo e ao outro ser humano; como o objeto, que é a atividade imediata da sua individualidade, é ao mesmo tempo sua própria existência para o outro ser humano, existência sua e existência sua para ele. Igualmente, porém, tanto o material do trabalho quanto o ser humano como sujeito são tanto resultado quanto ponto de partida do movimento (e que eles têm de ser esse *ponto de partida*, nisso reside justamente a *necessidade* histórica da propriedade privada). Portanto, o caráter *social* é o caráter geral de todo o movimento; *assim como* a sociedade mesma produz o *ser humano* enquanto ser humano, ela é *produzida* por ele. A atividade e a fruição, *sociais* em seu conteúdo como também no *modo de existência*, são atividade *social* e fruição *social*. A essência *humana* da natureza só existe para o ser humano *social*; pois só aqui ela existe para ele como *vínculo* com o *ser humano*, como existência sua para o outro e do outro para ele, bem como enquanto elemento vital da efetividade humana; só aqui ela existe como *fundamento* da sua própria existência *humana*. Só aqui sua existência *natural*, para ele, tornou-se sua existência *humana*, e, a natureza, ser humano para ele. Assim, a *sociedade* é a unidade essencial consumada do ser humano com a natureza, a verdadeira ressurreição da natureza, o naturalismo efetuado do ser humano e o humanismo efetuado da natureza. – A prostituição [é] apenas uma expressão *particular* da prostituição *universal* do *trabalhador*, e, visto que a prostituição é uma relação na qual entra não apenas o prostituído, mas também o prostituidor – cuja vileza é ainda maior –, o capitalista etc. também entram nessa categoria.

||VI| A atividade social e a fruição social não existem de modo nenhum *somente* na forma de uma atividade *imediatamente* comunitária e de uma fruição imediatamente *comunitária*, embora a atividade *comunitária* e a fruição *comunitária*, isto é, a atividade e a fruição que se externam e se confirmam imediatamente em *efetiva sociedade* com outros seres humanos, venham a ter lugar onde quer que essa expressão *imediata* da socialidade esteja fundada na essência do seu conteúdo e em conformidade com sua natureza.

Só que quando sou ativo *cientificamente* etc., uma atividade que raramente consigo executar em comunidade imediata com outros, também sou ativo *socialmente*, porque enquanto *ser humano*. Não apenas o material da minha atividade – como a língua mesma na qual o pensador é ativo – me é dado como produto social, a minha *própria* existência *é* atividade social; eis por que isso que faço de mim eu faço de mim para a sociedade, e com a consciência de mim como de um ser social.

Minha consciência *universal* é apenas a forma *teórica* daquilo de que a coletividade *real*, o ser social, é a forma *viva*, ao passo que hoje em dia a consciência *universal* é uma abstração da vida efetiva, e como tal ela a defronta de modo hostil. Daí também a *atividade* da minha consciência universal – enquanto tal – ser minha existência *teórica* enquanto ser social.

Acima de tudo deve-se evitar fixar a "sociedade" de novo como abstração perante o indivíduo. O indivíduo *é* o *ser social*. Sua externação de vida – ainda que ela também não apareça na forma imediata de uma externação *comunitária* de vida, efetuada simultaneamente com outros – *é*, por conseguinte, uma externação e uma confirmação da *vida social*. A vida individual e a vida genérica do ser humano não são *diversas*, por mais que – e isso necessariamente – o modo de existência da vida individual seja um modo mais *particular* ou mais *geral* da vida genérica, ou quanto mais a vida genérica seja uma vida individual mais *particular* ou *geral*.

Como *consciência genérica*, o ser humano confirma sua *vida social* real e apenas repete no pensamento a sua existência efetiva, assim como, inversamente, o ser genérico se confirma na consciência genérica e é, em sua generalidade, como ser pensante, para si.

O ser humano – por mais que, por conseguinte, seja um indivíduo *particular*, e justamente a sua particularidade o torna um indivíduo e uma coletividade efetiva *individual* – tanto é a *totalidade*, a totalidade ideal, a existência subjetiva da sociedade pensada e sentida para si, como também existe na efetividade tanto como intuição e fruição efetiva da existência social quanto como uma totalidade da externação de vida humana.

Pensar e ser, portanto, são *diferentes*, mas ao mesmo tempo estão em *unidade* um com o outro.

A *morte* aparece como uma dura vitória do gênero sobre o indivíduo determinado e contradiz sua unidade; mas o indivíduo determinado é apenas um *ser genérico determinado*, mortal enquanto tal.

⟨4. Assim como a *propriedade privada* é apenas a expressão sensível de que o ser humano ao mesmo tempo se torna *objetivo* para si, e, ao mesmo tempo, vem a ser antes como um objeto estranho e inumano – que sua externação de vida é sua alienação de vida, sua efetivação é sua desefetivação, uma efetividade *estranha* –, a suprassunção positiva da propriedade privada, isto é, a apropriação *sensível* da essência e da vida humanas, do ser humano objetivo, das *obras* humanas para e pelo ser humano, deve ser apreendida não apenas no sentido da *fruição imediata*, unilateral, não apenas no sentido do *possuir*, no sentido do *ter*. O ser humano se apropria da sua essência geral de uma maneira geral, ou seja, como um ser humano total. Cada uma das suas relações *humanas* com o mundo, ver, ouvir, cheirar, degustar, sentir, pensar, intuir, perceber, querer, ser ativo, amar, em suma, todos os órgãos da sua individualidade, assim como os órgãos que imediatamente, em sua forma, são como órgãos comunitários, ||VII| são, em seu comportamento *objetivo* ou em seu *comportamento relativo ao objeto*, a apropriação do mesmo. A apropriação da efetividade *humana*, seu comportamento relativo ao objeto, é a *atividade da efetividade humana*[2]; [é] *eficiência* humana e *sofrer* humano, pois o sofrimento, apreendido humanamente, é uma autofruição do ser humano.

A propriedade privada nos fez tolos e unilaterais, de modo que um objeto só é o *nosso* quando o temos, ou seja, quando existe para nós como capital ou é, por nós, imediatamente possuído, comido, bebido, trazido em nosso corpo, habitado por nós etc., em suma, *usado*. Embora a propriedade privada, em turno, apreenda todas essas efetivações imediatas da posse mesma apenas como *meios de vida*, e a vida, a cujo meio servem, seja a *vida* da *propriedade privada*, trabalho e capitalização.

Daí o simples estranhamento de *todos* esses sentidos, o sentido do *ter*, haver assumido o lugar de *todos* os sentidos físicos e espirituais. A essência humana teve de ser reduzida a essa pobreza absoluta, para

---

2 Por conseguinte, ela é tão multíplice quanto multíplices são as *determinações essenciais e atividades humanas*.

que ela desemprenhasse de si sua riqueza interior. (Sobre a categoria do *ter*, cf. Hess em *21 folhas*.)

Por conseguinte, a suprassunção da propriedade privada é a plena *emancipação* de todos os sentidos e atributos humanos; mas ela é essa emancipação justamente porque esses sentidos e atributos se tornaram *humanos*, tanto subjetiva quanto objetivamente. O olho se tornou olho *humano*, assim como seu *objeto* se tornou um objeto social, *humano*, proveniente do ser humano para o ser humano. Daí os *sentidos* terem imediatamente se tornado, em sua práxis, *teorizadores*. Eles se relacionam com a *coisa* em virtude da coisa, mas a coisa mesma é um comportamento *humano objetivo* consigo mesma e com o ser humano[3], e vice-versa. Por isso, a carência ou a fruição perderam sua natureza *egoísta*, e a natureza perdeu sua mera *utilidade* na medida em que o uso se tornou uso *humano*.

Do mesmo modo, os sentidos e a fruição do outro ser humano se tornaram minha *própria* apropriação. Além desses órgãos imediatos, por conseguinte, formam-se órgãos *sociais*, na *forma* da sociedade, ou seja, a atividade, por exemplo, imediatamente em sociedade com outros etc., tornou-se um órgão da minha *externação de vida* e um modo da apropriação da vida *humana*.

Compreende-se que o olho *humano* frui de maneira distinta da do olho rudimentar, inumano; o *ouvido* humano, diferentemente da do ouvido rudimentar etc.

Nós vimos. O ser humano só não se perde em seu objeto quando este lhe vem a ser como objeto *humano* ou ser humano objetivo. Isso só é possível

---

3 Na prática, só posso me relacionar humanamente com a coisa se a coisa se relaciona humanamente com o ser humano.

na medida em que ele lhe vem a ser como objeto *social*, e em que ele mesmo venha a ser para si como ser social, tal como a sociedade, como ser, vem a ser para ele nesse objeto.

Por conseguinte, na medida em que, por um lado, para o ser humano na sociedade, a efetividade objetiva vem a ser por toda parte como efetividade das forças essenciais humanas, como efetividade humana, e por isso como efetividade das suas *próprias* forças essenciais, todos os *objetos* lhe vêm a ser como a *objetivação* de seu si, como os objetos que confirmam e efetivam sua individualidade, como objetos *seus*, isto é, ele *mesmo* se torna objeto. *O modo como* eles lhe vêm a ser como seus, isso depende da *natureza* do *objeto* e da natureza da *força essencial* que corresponda *a ela*; pois justamente a *determinidade* dessa relação forma o modo particular, *efetivo*, da afirmação. Ao *olho*, um objeto vem a ser diferentemente do modo em que vem a ser ao *ouvido*, e o objeto do olho *é* um outro que o do *ouvido*. A peculiaridade de cada força essencial é justamente a sua *essência peculiar*, ou seja, também o modo peculiar da sua objetivação, do seu *ser* vivo *objetivo-efetivo*. Não só no pensar, ||VIII| mas com *todos* os sentidos, por conseguinte, o ser humano é afirmado no mundo objetivo.

Por outro lado: apreendido subjetivamente: como só a música desperta o sentido musical do ser humano, como para o ouvido amuso a mais bela música não tem *nenhum* sentido, não é objeto, porque meu objeto só pode ser a confirmação de uma das minhas forças essenciais, ou seja, só pode ser para mim tal como minha força essencial é para si como capacidade subjetiva, porque o sentido de um objeto, para mim (só tem sentido para um sentido correspondente a ele), vai justamente até onde for o *meu* sentido, por isso os *sentidos* do ser humano social são sentidos *outros* que não os do insocial; só mediante a riqueza objetivamente desenvolvida da essência humana que a riqueza da sensibilidade *humana* subjetiva, um ouvido musical, um olhar para a beleza da forma, em suma, tornam-se sentidos capazes de fruições humanas, sentidos que se confirmem como forças essenciais *humanas*, em parte recém-formadas, em parte recém-engendradas. Pois não apenas os cinco sentidos, mas também os chamados sentidos espirituais, os sentidos práticos (vontade, amor etc.) – com uma palavra: o sentido *humano*, a humanidade dos sentidos – vêm a ser somente mediante a existência *do seu* objeto, mediante a natureza *humanizada*. A *formação* dos cinco sentidos é um trabalho de toda a história mundial de até aqui. O *sentido* mantido cativo pela carência prática rudimentar também tem apenas um sentido *atacanhado*.) Para o ser humano faminto, existe não a forma humana do comestio, mas apenas sua existência abstrata como comestio; do mesmo modo, bem que ela poderia existir na forma mais rudimentar, e não há como dizer em que essa atividade alimentar se distinguiria da atividade alimentar *animal*. O ser humano carente, cheio de preocupações, não tem nenhum *sentido* para o mais belo espetáculo; o comerciante de minérios vê apenas o valor mercantil, mas não a beleza e a natureza peculiar do minério; ele não tem nenhum sentido mineralógico; ou seja, a objetivação da essência humana, tanto no aspecto teórico quanto no prático, convém tanto para tornar *humanos* os *sentidos* do ser humano quanto para criar *sentido humano* correspondente para toda a riqueza da essência humana e natural.

⟨Assim como a sociedade que vem a ser encontra todo material para essa *formação* mediante o movimento da *propriedade privada* e da sua riqueza, bem como da sua miséria – ou das riquezas e miséria materiais e espirituais –, a sociedade que *veio a ser* produz o ser humano em toda essa riqueza da sua essência, o ser humano *rico, de senso holístico e profundo*, como sua efetividade permanente. –) Vê-se como é só no estado social que subjetivismo e objetivismo, espiritualismo e materialismo, atividade e sofrimento perdem a sua oposição e, com ela, sua existência enquanto tais oposições; ⟨vê-se como a solução mesma das oposições *teóricas* é possível *apenas* de uma maneira *prática*, apenas pela energia prática do ser humano, e, por conseguinte, sua solução é não uma tarefa somente do conhecimento, isso de modo nenhum, mas uma tarefa vital *efetiva* que a *filosofia* não logrou solucionar justamente porque ela apreendeu a mesma *apenas* como tarefa teórica. –

Vê-se como a história da *indústria* e a existência tornada *objetiva* da indústria são o livro *aberto* das *forças essenciais humanas*, a *psicologia* humana existente sensivelmente, que até agora foi apreendida não em sua ligação com a *essência* do ser humano, mas sempre apenas em uma relação externa de utilidade, porque – movendo-se dentro do estranhamento – só se soube apreender a existência universal do ser humano, a religião, ou a história, em sua essência abstrata-universal, como política, arte, literatura etc., ||IX| como efetividade das forças essenciais humanas e como *atos genéricos humanos*. Na *indústria ordinária, material* (– que tanto se apreende como uma parte desse movimento universal quanto se pode apreender ela mesma como uma parte *particular* da indústria, visto que toda atividade humana até agora era trabalho, portanto indústria, atividade estranhada de si mesma –), temos diante de nós, sob a forma de *objetos sensíveis, estranhos, úteis*, sob a forma do estranhamento, as *forças essenciais objetivadas* do ser humano. Uma *psicologia*, para a qual este livro, ou seja, justamente a parte sensivelmente mais presente, mais acessível da história, está fechado, não logra se tornar ciência efetiva substanciosa e *real*.) O que se deve pensar em geral de uma ciência que abstrai *principalmente* dessa grande parte do trabalho humano e que não sente em si mesma a sua incompletude, enquanto uma riqueza do efetivar humano assim expandida não lhe diz nada senão, talvez, o que se pode dizer em uma palavra: *"carência"*, *"carência comum!"*? – As *ciências naturais* desenvolveram uma enorme atividade e se apropriaram de um material sempre crescente. Entretanto, a filosofia lhes permaneceu estranha, bem como elas permaneceram estranhas à filosofia. A união momentânea era apenas uma *ilusão fantástica*. A vontade existia, mas faltava a capacidade. Só de passagem que a historiografia mesma toma em consideração a ciência natural, como momento do Iluminismo, da utilidade, de grandes descobertas particulares. Mas quanto mais *praticamente* a ciência natural, por intermédio da indústria, interveio na vida humana e a reformou, e preparou a emancipação humana, tanto mais ela teve, imediatamente, de completar a desumanização. A *indústria* é a relação histórica *efetiva* da natureza – e, assim, da ciência natural – com o ser humano; por conseguinte, se ela for apreendida como revelação *exotérica* das *forças essenciais* humanas, a essência *humana* da natureza, ou a essência *natural* do ser humano, também é compreendida assim, então a ciência natural perderá seu direcionamento abstratamente material, ou, antes, idealista, e se tornará a base da ciência *humana*, assim como ela agora – embora em forma estranhada – já se tornou a base da vida efetivamente humana, e uma *outra* base para a vida, uma outra para a *ciência*, é, desde o início, uma mentira. ⟨A natureza que vem a ser na história humana – no ato de surgimento da sociedade humana – é a natureza *efetiva* do ser humano, por isso a natureza, tal como ela vem a ser mediante a indústria, ainda que em forma *estranhada*, é a verdadeira natureza *antropológica.* –) A *sensibilidade* (vide Feuerbach) tem de ser a base de toda ciência. Só quando esta parte daquela na forma dupla, tanto na da consciência *sensível* quanto na da carência *sensível* – ou seja, só quanto a ciência parte da natureza –, ela é ciência *efetiva*. Para que o *"ser humano"* se torne objeto da consciência *sensível* e para que a carência do "ser humano enquanto ser humano" se torne carência, toda a história é a história da preparação, a história do desenvolvimento. A história mesma é uma parte *efetiva* da *história natural*, do vir-a-ser da natureza até o ser humano. Mais tarde a ciência natural subsumirá sob si a ciência do ser humano, assim como a ciência do ser humano subsumirá sob si a ciência natural: ela será uma ciência.

||X| O *ser humano* é o objeto imediato da ciência natural; pois a *natureza sensível* imediata é, para o ser humano, de imediato, a sensibilidade humana (uma expressão idêntica), imediatamente como o *outro* ser humano disponível sensivelmente para ele; pois sua própria sensibilidade só é para ele mesmo mediante o *outro* ser humano enquanto sensibilidade humana. Mas a *natureza* é o objeto imediato da *ciência do ser humano*. O primeiro objeto do ser humano – o ser humano – é natureza, sensibilidade; e as forças essenciais sensíveis humanas particulares, tal como elas encontram sua efetivação objetiva apenas em objetos *naturais*, podem encontrar seu autoconhecimento somente na ciência da natureza em geral. O elemento mesmo do pensar, o elemento da externação da vida do pensamento, a *linguagem*, é de natureza sensível. A efetividade *social* da natureza e a ciência natural *humana*, ou a *ciência natural do ser humano*, são expressões idênticas. – ⟨Vê-se como o *ser humano rico* e a carência *humana* rica assumem o lugar da *riqueza* e da *miséria* nacional-econômicas. O ser humano *rico* é ao mesmo tempo o

ser humano *carente* de uma totalidade da externação de vida humana, o ser humano no qual sua própria efetivação existe como necessidade interior, como *falta*. Não apenas a *riqueza*, também a *pobreza* do ser humano obtém, em igual medida – sob o pressuposto do socialismo –, um significado *humano* e, por conseguinte, social. Ela é o vínculo passivo que faz com que o ser humano perceba a maior riqueza, o *outro* ser humano, como carência. A dominação do ser objetivo em mim, a irrupção sensível da minha atividade essencial, é a *paixão*, que aqui se torna, com isso, a *atividade* do meu ser. –)

5. Só se considera um *ser* como independente tão logo ele se sustente com os próprios pés, e ele só se sustenta com os próprios pés tão logo deva sua *existência* a si mesmo. Um ser humano que viva da graça de um outro se considera um ser dependente. Mas vivo totalmente da graça de um outro quando lhe devo não apenas o sustento da minha vida, mas se ele, além disso, tenha ainda *criado* a minha *vida*, se ele for a *fonte* da minha vida, e minha vida tiver necessariamente um fundamento tal além de si, se ela não for minha criação própria. Daí a *criação* ser uma representação muito difícil de ser reprimida da consciência do povo. O ser-por-si-mesmo da natureza e do ser humano lhe é *inconcebível* porque contradiz todas as *palpabilidades* da vida prática.

A criação da *Terra* obteve um violento golpe da *geognosia*, isto é, da ciência que expunha a formação terrestre, o vir-a-ser da Terra, como um processo, como autoprodução. A *generatio aequivoca* é a única refutação prática da teoria da criação.

Ora, é fácil dizer ao indivíduo particular o que Aristóteles já diz: foste gerado por teu pai e tua mãe, ou seja, a cópula de dois seres humanos, portanto um ato genérico do ser humano, produziu o ser humano em ti. Vês, assim, que também fisicamente o ser humano deve sua existência ao ser humano. Deves, então, ter em vista não apenas esse aspecto, o progresso *infinito*, pelo qual continuas a perguntar: quem gerou meu pai, quem gerou seu avô etc.? Também tens de registrar o *movimento circular* que é intuível sensivelmente naquele progresso pelo qual o ser humano repete a si mesmo na procriação, ou seja, o *ser humano* permanece sempre sujeito. Só que responderás: admitido a ti esse movimento circular, admite tu a mim o progresso que sempre me impulsiona adiante, até que eu pergunte quem gerou o primeiro ser humano e a natureza em geral? Posso te responder apenas: tua pergunta é ela mesma um produto da abstração. Pergunta-te como chegas àquela pergunta; pergunta-te se tua pergunta não ocorre a partir de um ponto de vista ao qual não posso responder porque é um ponto de vista equivocado. Pergunta-te se aquele progresso como tal existe para um pensar racional. Quando te perguntas pela criação da natureza e do ser humano, tu abstrais, portanto, do ser humano e da natureza. Tu os estabeleces como *não existentes*, e, no entanto, queres que eu te os prove como *existentes*. Digo-te agora: se renuncias à tua abstração, renuncias também à tua pergunta, ou, se quiseres se ater à tua abstração, sê consequente, e quando pensas, pensando o ser humano e a natureza como *não existentes*, ||XI| pensa a ti mesmo como não existente, tu que também és natureza e ser humano. Não pensa, não me pergunta, pois, tão logo tu pensas e perguntas, tua *abstração* do ser da natureza e do ser humano não tem nenhum sentido. Ou és um egoísta tal que estabeleces tudo como nada e queres ser tu mesmo?

Podes replicar a mim: não quero estabelecer o nada da natureza etc.; pergunto-te por seu *ato de surgimento* como pergunto ao anatomista a respeito das formações dos ossos etc.

Mas na medida em que, para o ser humano socialista, *toda a chamada história mundial* não é outra coisa senão o engendramento do ser humano por meio do trabalho humano, o vir-a-ser da natureza para o ser humano, ele tem então a prova intuitiva, irresistível, do seu *nascimento* por si mesmo, do seu *processo de surgimento*. Na medida em que a *essencialidade* do ser humano e da natureza, na medida em que o ser humano se tornou intuível de modo prático, sensível, para o ser humano enquanto existência da natureza, e a natureza para o ser humano enquanto existência do ser humano, a pergunta a respeito de um ser *estranho*, a respeito de um ser acima da natureza e do ser humano – uma pergunta que implica a admissão da inessencialidade da natureza e do ser humano – tornou-se praticamente impossível. O *ateísmo*, enquanto contestação dessa inessencialidade, não tem mais nenhum sentido, pois o ateísmo é uma *negação de Deus* e, mediante essa negação, estabelece a *existência do ser humano*; mas o socialismo, enquanto socialismo, não carece mais de uma intermediação tal; ele começa com a *consciência teórica e praticamente sensível* do ser humano e da natureza enquanto *ser*. Ele é *consciência-de-si positiva* do ser humano, não mais intermediada pela suprassunção da religião, assim como a *vida efetiva* é efetividade positiva do ser humano, não mais intermediada pela suprassunção da propriedade privada, o *comunismo*. O comunismo é a posição como negação da negação, por isso o momento *efetivo* da emancipação e da recuperação humanas, necessário para o desenvolvimento histórico seguinte. O *comunismo* é a forma necessária e o princípio enérgico do futuro próximo, mas o comunismo não é como tal o objetivo do desenvolvimento humano – a forma da sociedade humana. ||XI|

[Carência, produção e divisão do trabalho]

||XIV| 7. Vimos qual significado, sob o pressuposto do socialismo, tem a *riqueza* das carências humanas e, por conseguinte, tanto um *novo modo de produção* como também um novo *objeto* da produção. Nova confirmação da força essencial *humana* e novo enriquecimento da essência *humana*. Dentro da propriedade privada, o significado [é] inverso. Todo ser humano especula sobre como criar no outro uma nova carência, para forçá-lo a um novo sacrifício, para colocá-lo em uma nova dependência e induzi-lo a um novo modo da *fruição* e, com isso, da ruína econômica. Cada um busca criar uma força essencial *estranha* sobre o outro, para encontrar nisso a satisfação da sua própria carência egoísta. Com a massa dos objetos, cresce, por conseguinte, o império do ser estranho, ao qual o ser humano está subjugado, e cada novo produto é uma nova *potência* da impostura e da pilhagem recíprocas. O ser humano, como ser humano, torna-se ainda mais pobre, ele carece de mais *dinheiro* para se apoderar do ser hostil, e o poder do seu *dinheiro* cai justamente na proporção inversa da massa de produção, isto é, sua carência cresce, tal como o *poder* do dinheiro aumenta. – Daí a carência de dinheiro ser a carência verdadeira, produzida pela economia nacional, e a única carência que ela produz. – A *quantidade* de dinheiro se torna cada vez mais seu único atributo *poderoso*; assim como reduz todo ser à sua abstração, ele se reduz em seu próprio movimento como ser *quantitativo*. O *descomedimento* e a *imoderação* se tornam sua verdadeira medida. – Mesmo subjetivamente, isso aparece em parte de modo que a extensão dos produtos e carências se torna o escravo *inventivo* e sempre *calculante* de desejos inumanos, refinados, desnaturais e *imaginados* – a propriedade privada não sabe tornar carência *humana* a carência rudimen-

tar; seu *idealismo* é a *imaginação*, a *arbitrariedade*, o *capricho*, e um eunuco, a fim de lograr um favor para si, não lisonjeia mais infamemente o seu déspota, nem busca irritar por nenhum meio mais infame a sua embotada capacidade fruitiva do que o eunuco da indústria, o producente, para lograr centavos para si, para atrair as aves de ouro para fora do bolso do vizinho cristãmente amado – (cada produto é uma isca com a qual se pretende atrair a si a essência do outro, seu dinheiro. Toda carência efetiva ou possível é uma fraqueza que conduzirá a mosca à armadilha de grude – exploração universal da essência humana comunitária, assim como toda imperfeição do ser humano é um vínculo com o céu, um lado onde seu coração [é] acessível ao padre; toda falta é uma oportunidade para, sob a mais adorável aparência, encontrar o vizinho e lhe dizer: caro amigo, dou-te aquilo que te falta: mas conheces a *conditio sine qua non*; sabes com qual tinta escreves o embuste contra mim; engano-te na medida em que te proporciono uma fruição) –, submete-se às suas ideias mais abjetas, faz-se de alcoviteiro entre ele e sua carência, estimula nele desejos doentios, espreita-o em cada fraqueza, para então reivindicar o adiantamento em dinheiro por esse serviço caritativo. – Em parte, esse estranhamento se mostra na medida em que o refinamento das carências e dos seus meios produz, por um lado, o asselvajamento animalesco, pelo outro, simplicidade abstrata, rudimentar, completa, da carência; ou, antes, apenas reproduz a si mesmo em seu significado contrário. Mesmo a carência de ar livre deixa de ser carência junto ao trabalhador, o ser humano retorna à morada cavernal, a qual agora, porém, está empestada pelo mefítico miasma da civilização, e que ele habita somente *precariamente*, como um poder estranho que diariamente logra escapar, da qual ele qualquer dia, caso ||XV|

não pague, pode ser expulso. Essa casa mortuária ele tem de *pagar*. A morada *luminal* que Prometeu, em Ésquilo, caracteriza como uma das maiores dádivas, pela qual ele torna ser humano o selvático, deixa de ser para o trabalhador. Luz, ar etc., a mais simples pureza *animal*, deixam de ser uma carência para o ser humano. A *imundície*, esse corrompimento, apodrecimento do ser humano, o *fluxo de esgoto* (isso deve ser compreendido literalmente) da civilização se torna para ele um *elemento vital*. A plena degradação *desnatural*, a natureza apodrecida, torna-se seu *elemento vital*. Nenhum de seus sentidos existe mais, não apenas em seu modo humano, mas em um modo *inumano*, por isso nem mesmo animal. Retornam os *modos* (e *instrumentos*) mais rudimentares do trabalho humano, assim como a *maçada* do escravo romano se tornou modo de produção, modo de existência de muitos trabalhadores ingleses. Não apenas o ser humano não tem nenhuma carência humana; mesmo as carências *animais* cessam. O irlandês conhece somente a carência de *comer*, e somente de *comer batatas*, e apenas das *batatas lumper*, pior espécie de batata. Mas Inglaterra e França já têm, em cada cidade industrial, uma *pequena* Irlanda. O selvático, o animal, tem mesmo carência de caçar, de movimento etc., de sociabilidade. – A simplificação da máquina, do trabalho, é utilizada para tornar trabalhador o ser humano que ainda vem a ser, o ser humano totalmente não formado – a *criança* –, assim como o trabalhador se tornou uma criança descuidada. A máquina se adapta à *debilidade* do ser humano para tornar máquina o ser humano *débil*.

⟨O aumento das carências e dos seus meios engendra a falta de carências e de meios, como demonstra o teórico da economia nacional (e o capitalista, em geral sempre falamos das gentes de negócios *empíricas* quando nos dirigimos aos teóricos da economia nacional – suas confissão e existência *científicas*) 1. na medida em que ele reduz a carência do trabalhador à mais necessária e deplorável subsistência da vida física, e, sua atividade, ao mais abstrato movimento mecânico, ele diz, portanto: o ser humano não tem nenhuma outra carência, nem de atividade, nem de fruição; pois ele declara essa vida *também* vida e existência *humanas*; na medida em que 2. ele *calcula* a vida (existência) mais *escassa* possível como padrão, e como padrão universal: universal porque vigora para a massa dos seres humanos; ele torna o trabalhador um ser insensível e sem carências, assim como torna sua atividade uma pura abstração de toda atividade; por conseguinte, cada *luxo* do trabalhador lhe aparece como condenável, e tudo que vá além da mais abstrata de todas as carências – seja como fruição passiva ou externação da atividade – lhe aparece como luxo. A teoria da economia nacional, essa ciência da *riqueza*, é ao mesmo tempo, por conseguinte, ciência do renunciar, da indigência, da *poupança*, e ela realmente chega a *poupar* ao ser humano até a *carência* de um *ar* puro ou de *movimento* físico. Essa ciência da prodigiosa indústria é ao mesmo tempo a ciência da *ascese*, e seu verdadeiro ideal é o avarento *ascético*, mas *usurário*, e o escravo *ascético*, mas *producente*. Seu ideal moral é o *trabalhador* que leva uma parte de seu salário à caixa econômica, e ela encontrou, para essa sua ideia dileta, até uma *arte* servil. Levou-se o sentimental ao teatro. Daí ela ser – apesar da sua aparência mundana e voluptuosa – uma ciência realmente moral, a ciência mais moral de todas. Sua tese principal é a autorrenúncia, a renúncia à vida e a todas as carências humanas. Quanto menos comeres, beberes, comprares livros, fores ao teatro, ao baile, à taberna, pensares, amares, teorizares, cantares, pintares, esgrimires etc., tanto mais *poupas*, tanto *maior* se torna teu tesouro, que nem as traças nem o roubo consomem, teu *capital*. Quanto menos *fores*, quanto menos externares tua vida, tanto mais *tens*, tanto maior é a tua vida *alienada*, tanto mais armazenas da tua essência estranhada. Tudo ||XVI| que o teórico da economia nacional te toma de vida e de humanidade, isso tudo ele te compensa em *dinheiro* e *riqueza*, e teu dinheiro pode tudo aquilo que não podes: ele pode comer, beber, ir ao baile, ao teatro, ele conhece a arte, a erudição, as raridades históricas, o poder político, ele pode viajar, *pode* apropriar tudo isso para ti; ele pode comprar tudo isso; ele é a verdadeira *capacidade*. Mas ele, que é tudo isso, não é *capaz* de criar nada senão a si mesmo, comprar a si mesmo, pois todo o resto, afinal, é seu servo, e se eu tiver o senhor, tenho o servo e não preciso de servo seu. Assim, todas as paixões e toda atividade têm de acabar na *ganância*. O trabalhador só pode ter tanto para que queira viver, e só pode querer viver para ter.)

Contudo, instaura-se, então, uma controvérsia no campo da teoria da economia nacional. Um lado (Lauderdale, Malthus etc.) recomenda o *luxo* e maldiz a parcimônia; o outro (Say, Ricardo etc.) recomenda a parcimônia e maldiz o luxo. Mas aquele confessa que quer o luxo para produzir o *trabalho*, isto é, a parcimônia absoluta; o outro lado confessa que recomenda a parcimônia para produzir a *riqueza*, isto é, o luxo. O primeiro lado tem a fantasia *romântica* de que a ganância haveria de determinar não só o consumo dos ricos, e ele contradiz suas próprias leis quando imediatamente faz o *perdularismo* passar por um meio de enriquecimento, e, pelo outro lado, é-lhe demonstrado, por conseguinte, com muita seriedade e de modo complicado, que, mediante o perdularismo, eu reduzo os meus *haveres* e não os aumento; o outro lado comete a hipocrisia de não admitir que justamente o humor e o capricho determinam a produção; ele esquece as "carências refinadas", esquece que, sem consumo, não seria produzido; ele esquece que a produção, mediante a concorrência, só tem de se tornar mais geral, mais luxuosa; ele esquece que o uso lhe determina o valor das coisas, e que a moda determina o uso; ele deseja ver produzido apenas o "útil", mas esquece que a produção de coisas demasiado úteis produz uma população demasiado *inútil*. Ambos os lados esquecem que perdularismo e poupança, luxo e despojamento, riqueza e pobreza são iguais.

E tens de poupar não apenas teus sentidos imediatos, como comer etc.; também a assistência, com interesses universais, compaixão, confiança etc., tudo isso tens de te poupar se quiseres ser econômico, se não quiseres te arruinar com ilusões.

⟨Tens de tornar *venal*, isto é, útil, tudo que seja teu. Quando pergunto ao teórico da economia nacional se obedeço às leis econômicas quando tiro dinheiro da entrega, da oferta venal do meu corpo à volúpia alheia (os trabalhadores fabris na França chamam a prostituição de suas mulheres e filhas de hora extra de trabalho, o que é literalmente verdadeiro), ou se não ajo nacional-economicamente quando vendo meu amigo aos marroquinos (e a venda direta de seres humanos como comércio dos conscritos etc. tem lugar em todos os países de cultura), assim me responde o teórico da economia nacional: não ages contra as minhas leis; mas observe o que dizem a prima moral e a prima religião; minhas moral e religião *nacional-econômicas* não têm nada a objetar contra ti, mas – Mas em quem devo acreditar mais agora, na teoria da economia nacional ou na moral? – A moral da teoria da economia nacional é a *aquisição*, o trabalho e a parcimônia, a sobriedade – mas a teoria da economia nacional me promete satisfazer minhas carências. – A economia nacional da moral é a riqueza de boa consciência, de virtude etc., mas como posso ser virtuoso se não sou, como ter uma boa consciência se nada sei? – Está fundado na essência do estranhamento que cada esfera estabelece em mim um padrão distinto e contrário, um outro a moral, um outro a economia nacional, porque cada uma é um estranhamento determinado do ser humano e cada⟩ ||XVII| uma fixa um conjunto particular de atividade essencial estranhada, cada uma se comporta de modo estranhado com relação ao outro estranhamento... Assim, o senhor Michel Chevalier acusa Ricardo de abstrair da moral. Mas Ricardo deixa a economia nacional falar sua linguagem própria. Se esta não fala moralmente, então a culpa não é de Ricardo. M. Chevalier abstrai da economia nacional enquanto ele moraliza, mas abstrai real e necessariamente da moral enquanto teoriza a economia nacional. A relação da teoria da economia nacional com a moral, a não ser que seja arbitrária, acidental e, por conseguinte, infundada e não científica, se for não exposta como *aparência*, mas pretendida como *essencial*, só pode mesmo ser a relação das leis nacional-econômicas com a moral; se isso não tiver lugar, ou antes o contrário se der, que culpa tem Ricardo? De resto, a oposição entre a teoria da economia nacional e a moral também é apenas uma *aparência* e, *como é uma* oposição, não é, em turno, nenhuma oposição. A teoria da economia nacional apenas expressa, à *sua maneira*, as leis morais. –

⟨A ausência de carências como o princípio da teoria da economia nacional se mostra da maneira mais *esplendorosa* em sua *teoria da população*. Há seres humanos *demais*. Até a existência do ser humano é um puro luxo, e, se o trabalhador é "*moral*" (Mill propõe louvores públicos àqueles que se mostrem continentes na relação sexual, e repreensão pública àqueles que pequem contra essa infecundidade do matrimônio... não é isso moral, doutrina da ascese?), ele será *parcimonioso* na procriação. A produção do ser humano aparece como miséria pública. -)

O sentido que a produção tem em referência aos ricos se mostra *revelado* no sentido que ela tem para os pobres; para cima, a externação é sempre fina, indireta, ambígua, aparência; para baixo, grosseira, franca, sincera, essência. A carência *rudimentar* do trabalhador é uma fonte de ganho muito maior do que a *fina* do rico. As moradas de porão em Londres rendem aos seus senhorios mais do que os palácios, isto é, elas são, em referência a ele, uma *riqueza maior*, ou seja, para falar nos termos da teoria da economia nacional, uma riqueza *social* maior. – E assim como a indústria especula tanto com o refinamento das carências quanto com a sua *rudimentaridade*, mas na sua rudimentaridade criada artificialmente, cuja verdadeira fruição, por conseguinte, é a *autonarcose*, essa *aparente* satisfação da carência, essa civilização *dentro* da barbárie rudimentar da carência. – Por isso, as tabernas inglesas são representações *simbólicas* da propriedade privada. Seu *luxo* mostra a verdadeira relação do luxo industrial e da riqueza com o ser humano. Daí elas também serem, com razão, os únicos divertimentos dominicais do povo tratados no mínimo indulgentemente pela polícia inglesa. |XVII||

||XVIII| Já vimos como o teórico da economia nacional, de maneira diversa, estabelece a unidade entre trabalho e capital. 1. O capital é *trabalho acumulado*; 2. a determinação do capital no interior da produção, em parte a reprodução do capital com ganho, em parte o capital como matéria-prima (material do trabalho), em parte propriamente como *instrumento a trabalhar* – a máquina é o capital estabelecido como diretamente idêntico ao trabalho –, é *trabalho produtivo*; 3. o trabalhador é um capital; 4. o

salário faz parte dos custos do capital; 5. em referência ao trabalhador, o trabalho é a reprodução do seu capital de vida; 6. em referência ao capitalista, um momento da atividade do seu capital.

Por fim, 7. o teórico da economia nacional supõe a unidade original de ambos como a unidade entre capitalista e trabalhador, eis o estado primitivo paradisíaco. O modo como ambos esses momentos ||XIX| correm ao encontro um do outro como duas pessoas o fariam é, para o teórico da economia nacional, um evento *acidental* e, por isso, a se explicar apenas externamente. (Vide Mill.) – As nações que ainda estejam fascinadas pelo esplendor sensível dos metais nobres e, por isso, ainda sejam fetichistas do dinheiro de metal – ainda não são as nações do dinheiro consumadas. Oposição de França e Inglaterra. – O quão a solução dos enigmas teóricos é uma tarefa da práxis e intermediada praticamente, assim como o quão a verdadeira práxis é a condição de uma teoria efetiva e positiva, isso se mostra, por exemplo, no *fetichismo*. A consciência sensível do fetichista é distinta da do grego, porque sua existência sensível ainda é distinta. A hostilidade abstrata entre sentido e espírito é necessária enquanto o sentido humano para a natureza, o sentido humano da natureza, portanto, também o sentido *natural* do *ser humano*, ainda não for produzido pelo próprio trabalho do ser humano. – A *igualdade* não é outra coisa senão o "eu = eu" alemão traduzido em francês, isto é, em forma política. A igualdade enquanto *fundamento* do comunismo é sua fundamentação *política*, e é o mesmo quando o alemão o fundamenta na medida em que apreende o ser humano como *consciência-de--si universal*. Compreende-se que a suprassunção do estranhamento ocorre sempre a partir da forma de estranhamento que seja o poder *dominante*, na Alemanha [é] a *consciência-de-si*; na França, a *igualdade* – porque a política; na Inglaterra, a carência *prática* efetiva, material, a se mensurar apenas pela mesma. A partir desse ponto é que se deve criticar e reconhecer Proudhon. – Se ainda caracterizamos o *comunismo* mesmo – porque como negação da negação, como a apropriação da essência humana que se intermedeia consigo mediante negação da propriedade privada; por conseguinte, ainda não como a posição *verdadeira*, a começar desde si mesma, mas, antes, desde a propriedade privada –, [...] à maneira alemã antiga – à maneira da fenomenologia hegeliana – assim [...] fosse então estipulado como um *momento superado*, e se [...] pudesse, e se pudesse se atenuar ao [...] em sua consciência [...] da essência humana apenas mediante a *efetiva* [...] suprassunção do seu pensamento, como de costume, [...] visto que com ele, portanto, permanece o estranhamento efetivo da vida humana, e um estranhamento tanto maior quanto mais se tenha uma consciência dele enquanto tal – puder ser levado a cabo, então ele só o é pelo comunismo posto em marcha. Para suprassumir o *pensamento* da propriedade privada, o comunismo *pensado* basta plenamente. Para suprassumir a propriedade privada efetiva, precisa-se de uma ação comunista *efetiva*. A história há de trazê-la, e aquele movimento que nós, *em pensamento*, já conhecemos como um movimento a suprassumir a si mesmo, passará por um processo muito áspero e amplo na efetividade. Mas temos de considerar como um progresso efetivo que, tanto da restritividade quanto do objetivo do movimento histórico, adquirimos desde o princípio uma consciência a sobrepujá-lo. –

Quando os *artesãos* comunistas se unem, eles consideram finalidade, em primeiro lugar, a doutrina, a propaganda etc. Mas ao mesmo tempo eles se apropriam, assim, de uma nova carência, a carência de sociedade, e o que aparece como meio tornou-se fim. Esse movimento prático pode ser contemplado em seus resultados mais esplendorosos quando vemos trabalhadores[53] socialistas franceses unidos. Fumar, beber, comer etc. não existem mais como meios de união ou como meios que unem. Bastam-lhes a sociedade, a associação, o sustento, o qual a sociedade, em turno, tem como fim; entre aqueles, a fraternidade dos seres humanos é não alguma frase, mas verdade, e a nobreza da humanidade nos ilumina a partir dessas figuras, endurecidas pelo trabalho.

||XX| ⟨Quando a teoria da economia nacional afirma que demanda e oferta sempre se cobrem, ela logo esquece que, segundo sua própria afirmação, a oferta de *seres humanos* (teoria da população) sempre excede a demanda, que o desequilíbrio entre demanda e oferta, portanto, obtém sua expressão mais decisiva no resultado essencial de toda a produção – da existência do ser humano.

O tanto que o dinheiro, que aparece como meio, é o verdadeiro *poder* e o *fim* único – o tanto que o *meio* em geral, o qual faz de mim um ser, que apropria para mim o ser objetivo estranho, é *fim em si*..., isso se pode depreender do modo como a propriedade fundiária, ali onde o solo é a fonte da vida, *cavalo e espada*, ali onde são o *verdadeiro meio de vida* – são reconhecidos também como os verdadeiros poderes vitais políticos. Na Idade Média, um estamento se emancipa tão logo lhe é permitido carregar a *espada*. Nas populações nômades, o *cavalo* é o que me torna livre, um participante da coletividade. –

Dissemos acima que o ser humano retorna à *morada cavernal* etc., mas sob uma forma estranhada, hostil. O selvático, na sua caverna – esse cândido elemento da natureza, a se oferecer à fruição e à proteção –, não se sente estranho, ou, antes, sente-se tão em casa como o *peixe* na água. Mas a morada de porão do pobre é uma hostil "morada, a se considerar, em si, como poder estranho, a qual apenas se lhe entrega na medida em que ele lhe entrega seu suor sanguífero", a qual ele não pode considerar como sua pátria – onde ele pudesse dizer, enfim: aqui estou em casa –, onde ele se acha, antes, na casa de *outrem*, em uma casa *estranha*, que diariamente se encontra à espreita e o expulsa se não pagar o aluguel. Do mesmo modo, ele conhece sua morada quanto à qualidade, em oposição à morada humana a residir no *além*, no céu da riqueza.

O estranhamento aparece tanto em que *meu* meio de vida é de *outrem*, em que isso que é meu desejo é a inacessível posse de *outrem*, quanto em que cada coisa mesma é *outra* enquanto si mesma, quanto em que minha atividade é *outra*, quanto em que, por fim – e isso vale também para o capitalista –, o poder *inumano*, em geral, domina.

A determinação da riqueza inativa e a ser perdulariada, entregue apenas à fruição – em que o fruidor, por um lado, *atua* como um indivíduo apenas *efêmero*, que inutilmente se desgasta, e, do mesmo modo, conhece o trabalho escravo alheio, o *suor sanguífero* humano como a presa do seu desejo e, por isso, o próprio ser humano, portanto também a si mesmo, como um ser sacrificado, vão, pelo qual o desprezo pela humanidade aparece como petulância, como um menosprezo do que pode fazer penar cem vidas humanas, em parte aparece como a ilusão infame de que seus perdularismo desenfreado e consumo infundado, improdutivo, condicionam o *trabalho* e, com isso, a *subsistência* do outro – que conhece a efetivação das *forças essenciais* humanas apenas como efetivação da sua inessência, do seu capricho e de ideias arbitrariamente bizarras –, essa riqueza que, por outro lado, conhece a riqueza como um mero meio e uma coisa digna apenas de aniquilação, que é, portanto, ao mesmo tempo seu escravo e seu senhor, ao mesmo tempo generosa e vil, caprichosa, altiva, presunçosa, fina, cultivada, rica em espírito – essa riqueza ainda não teve experiência da *riqueza* como um *poder* totalmente *estranho* sobre si mesma; antes, nela ela vê apenas seu próprio poder, e [não] a riqueza, mas a *fruição* [...] finalidade última. Defronte a esta [...] ||XXI| e à ilusão esplendorosa – fascinada pela aparência sensível – referente à essência da riqueza, surge o industrial *trabalhador, sóbrio, prosaico, econômico*, esclarecido quanto à essência da riqueza – e, como ele provê ao seu sibaritismo um âmbito maior, diz-lhe belas lisonjearias em suas produções – seus produtos são elogios igualmente baixos aos desejos do perdulário –; assim, da única maneira *útil*, ele sabe apropriar para si aquele poder, que se desvanece para aquele. Se, por conseguinte, a riqueza industrial aparece inicialmente como resultado da riqueza perdulária, fantástica – assim o movimento da primeira reprime a última, também de maneira ativa, mediante movimento que lhe é próprio. A queda do *juro monetário*, a saber, é uma consequência necessária e um resultado do movimento industrial. Os meios do rentista perdulário diminuem, então, diariamente, em relação justamente *inversa* ao aumento dos meios e armadilhas da fruição. Logo, ele tem ou de consumir seu capital mesmo, portanto arruinar-se, ou se tornar, ele mesmo, capitalista industrial... Por outro lado, a *renda fundiária* aumenta imediatamente, de modo constante, no curso do movimento industrial, mas – já o vimos – chega necessariamente um momento em que a propriedade fundiária tem de cair na categoria do capital que se reproduz com ganho, como qualquer outra propriedade – e isso é o resultado do mesmo movimento industrial.

Assim, também, o senhor fundiário perdulário ou tem de consumir o seu capital, portanto arruinar-se – ou tem de se tornar o arrendatário do seu próprio terreno – industrial lavrador. – A diminuição do juro monetário – que Proudhon considera a supressão do capital e tendência à socialização do capital – é antes, por conseguinte, de imediato, apenas um sintoma da plena vitória do capital trabalhador sobre a riqueza perdulária, isto é, a transformação de toda propriedade privada em capital industrial – a plena vitória da propriedade privada sobre todas as qualidades da mesma ainda humanas em *aparência* e a completa subjugação do proprietário privado à essência da propriedade privada – o *trabalho*. Sem dúvida, o capitalista industrial também frui. Ele não regressa de modo nenhum à simplicidade desnatural da carência, mas sua fruição é apenas coisa secundária, descanso, subordinada à produção, porém fruição *calculada*, ou seja, ela mesmo *econômica*, pois ele acrescenta sua fruição aos custos do capital, e sua fruição deve, por conseguinte, custar-lhe apenas o tanto que o nela perdulariado seja novamente compensado com ganho pela reprodução do capital. A fruição, portanto, está subsumida ao capital; o indivíduo fruidor, ao capitalizador, enquanto antes ocorria o contrário. Daí a diminuição dos juros ser um sintoma da supressão do capital apenas na medida em que seja um sintoma da sua dominação a se consumar, do estranhamento a se consumar e, por conseguinte, a avançar rumo à sua supressão. Em geral, essa é a única maneira em que o subsistente confirma o seu contrário. –) Daí a disputa dos teóricos da economia nacional sobre luxo e poupança ser apenas a disputa da teoria da economia nacional que obteve clareza quanto à essência da riqueza com aquela que ainda está repleta de recordações românticas, anti-industriais. Mas ambas as partes não sabem trazer o objeto da controvérsia à sua expressão simples, e, por conseguinte, não são capazes de dar cabo uma da outra. – |XXI| |

| |XXXIV| A *renda fundiária*, ademais, foi derrubada enquanto renda fundiária – na medida em que, antes, em oposição ao argumento dos fisiocratas, de que o proprietário fundiário seria o único producente verdadeiro, foi demonstrado pela teoria da economia nacional mais recente que o proprietário fundiário enquanto tal seria, pelo contrário, o único rentista totalmente improdutivo. A agricultura seria coisa do capitalista, que daria essa aplicação ao seu capital se dela ele tivesse a esperar o ganho ordinário. Daí a colocação dos fisiocratas – de que a propriedade fundiária, enquanto a única propriedade produtiva, teria de pagar sozinha o imposto estatal, portanto, também, outorgá-lo sozinha e tomar parte no Estado – se transformar na determinação inversa, de que o imposto sobre a renda fundiária seria o único imposto sobre um rendimento improdutivo, por conseguinte o único imposto que não seria nocivo à produção nacional. Compreende-se que, assim apreendido, a prerrogativa política do proprietário fundiário também não se segue mais da sua tributação principal. –

Tudo o que Proudhon apreende como movimento do trabalho contra o capital é apenas o movimento do trabalho na determinação do capital, do *capital industrial* contra o capital que se consome não *como* capital, isto é, não industrialmente. E esse movimento percorre seu caminho vitorioso, isto é, o caminho da vitória do capital *industrial*. – Vê-se então que só na medida em que o *trabalho* é apreendido como essência da propriedade privada que o movimento nacional-econômico também pode ser entrevisto como tal em sua determinidade efetiva. –

A *sociedade* – tal como aparece para o teórico da economia nacional – é a *sociedade civil* na qual cada indivíduo é um todo de carências e só ||XXXV| existe para o outro, assim como o outro existe apenas para ele, na medida em que, reciprocamente, tornam-se meio. O teórico da economia nacional – tão bem quanto a política em seus *direitos humanos* – reduz tudo ao ser humano, isto é, ao indivíduo, do qual tira toda determinidade, para o fixar como capitalista ou trabalhador. – A *divisão do trabalho* é a expressão nacional-econômica da *socialidade do trabalho* no interior do estranhamento. Ou, visto que o *trabalho* é apenas uma expressão da atividade humana no interior da alienação, da externação de vida enquanto alienação de vida, a *divisão do trabalho* também não é outra coisa senão o estabelecimento *estranhado, alienado* da atividade humana como uma *atividade genérica real*, ou como *atividade do ser humano como ser genérico.*

Sobre a *essência* da *divisão do trabalho* – a qual teve naturalmente de ser apreendida como um motor principal da produção de riqueza logo que o *trabalho* fosse reconhecido como a essência da propriedade privada –, isto é, sobre essa *forma estranhada e alienada* da *atividade humana como atividade genérica*, os teóricos da economia nacional são muito vagos e contraditórios.

> Adam Smith: "A *divisão do trabalho* não deve sua origem à sabedoria humana. Ela é a consequência necessária, lenta e gradual da inclinação à troca e do desbaratamento recíproco dos produtos. Provavelmente, essa inclinação ao comércio é uma consequência necessária do uso da razão e da palavra. Ele é comum a todos os seres humanos, não se encontra em nenhum animal. O animal, logo que esteja crescido, vive por conta própria. O ser humano necessita permanentemen-

te do apoio de outros, e em vão ele o esperaria apenas da sua benevolência. Será muito mais seguro apelar ao seu interesse pessoal e convencê-los de que sua própria vantagem exige fazer daqueles o que ele deseja. Entre os outros seres humanos, fazemos referência não à sua *humanidade*, mas ao seu *egoísmo*; nunca lhes falamos das *nossas carências*, mas sempre da *sua vantagem*. – Assim, visto que obtemos a maioria dos bons serviços que nos são necessários mediante troca, comércio, regateio, foi essa disposição ao *regateio* que deu sua origem à *divisão do trabalho*. Por exemplo, em uma tribo de caçadores ou pastores, um homem privado faz arcos e cordas com mais velocidade e habilidade do que um outro. Ele frequentemente troca com seus companheiros essas espécies de labor diário por gado e caça, e logo nota que por esse meio ele pode conseguir os últimos para si mais facilmente do que se ele mesmo fosse à caça. Por cálculo interessado, ele faz então, da fabricação de arcos etc., sua principal ocupação. A diferença dos *talentos naturais* entre os indivíduos não é tanto a *causa* do que o *efeito* da divisão do trabalho... Sem a disposição do ser humano para negociar e trocar, cada um teria sido obrigado a conseguir para si mesmo todas as necessidades e comodidades da vida. Cada um teria tido de cumprir o *mesmo labor diário*, e não teria tido lugar aquela grande *diferença* das *ocupações*, que pode sozinha engendrar uma grande diferença de talentos. – Assim como essa inclinação ao trocar engendra agora a diversidade de talentos entre os seres humanos, também é a mesma inclinação que torna útil essa diversidade. – Muitas raças de animais, embora da mesma *species*, obtiveram da natureza diferentes características que, em referência às suas aptidões, são mais evidentes do que se soube observar junto aos seres humanos não cultivados. Por natureza, um filósofo, em talento e inteligência, não é nem à metade diverso de um carregador de sacas do que um cão doméstico de um galgo, um galgo de um perdigueiro, e este de um cão pastor. Ainda assim, essas raças diversas de animais, embora da mesma *species*, não são quase de nenhuma utilidade umas para as outras. Às vantagens da sua força, o cão de guarda não logra | |XXXVI| acrescentar nada por ter se servido, por exemplo, da leveza do galgo etc. Os efeitos desses talentos ou níveis de inteligência diversos, por insuficiência da capacidade ou da inclinação ao comércio e à troca, não podem ser aventados juntos, em comunidade, e não logram de modo nenhum contribuir à *vantagem* ou à *conveniência comunitária* da *species*... Cada animal tem de se suster e se proteger a si mesmo, independentemente dos outros – ele não logra extrair a mínima utilidade da diversidade dos talentos que a natureza distribuiu entre seus iguais. Entre os homens, em contrapartida, os mais díspares talentos são úteis uns aos outros porque os *diversos produtos* de cada um dos seus respectivos ramos industriais, por intermédio dessa inclinação universal ao comércio e à troca, encontram-se, por assim dizer, aventados em uma massa comunitária, onde cada ser humano pode ir comprar, conforme suas carências, uma parte qualquer do produto da indústria do outro. – Visto que essa inclinação à *troca* dá origem própria à *divisão do trabalho*, o *crescimento dessa divisão*, por conseguinte, é sempre restringido pela *extensão* da *capacidade de trocar* ou, em outras palavras, pela *extensão do mercado*. Se o mercado for muito pequeno, ninguém será encorajado a se dedicar totalmente a uma única ocupação, por insuficiência em poder trocar o excedente do produto do seu trabalho que ultrapasse seu próprio consumo por um excedente igual do produto do trabalho de um outro que ele desejasse criar para si..." No estado *progredido*: "Todo ser humano subsiste de *échanges*, da troca, e torna-se uma espécie de *negociante*, e a *sociedade mesma* é, propriamente, uma sociedade *a praticar comércio*" (Vide Destutt de Tracy: "A sociedade é uma série de troca recíproca, no *commerce* reside toda a essência da sociedade.") "... A acumulação dos capitais aumenta com a divisão do trabalho, e vice-versa." –

É até onde vai Adam Smith.

"Se cada família engendrasse a totalidade dos objetos do seu consumo, a sociedade poderia se manter em marcha embora não se efetuasse nenhuma espécie de troca – *sem* ser *fundamental*, a troca é imprescindível no estado avançado de nossa sociedade –, a divisão do trabalho é uma hábil aplicação das forças do ser humano – ela aumenta, portanto, os produtos da sociedade, seu poder e suas fruições, mas ela rouba, diminui a capacidade de cada ser humano tomado individualmente. – A produção não pode ter lugar sem a troca." –

Segundo J. B. Say.

> "As forças inerentes ao ser humano são: sua inteligência e sua aptidão física ao trabalho; aquelas que derivam sua origem do estado social consistem: na capacidade de *dividir* o *trabalho* e de *distribuir* os *diversos trabalhos entre os diversos seres humanos*... e na *capacidade* de trocar os *serviços recíprocos* e os produtos que constituem esse meio... O motivo por que um ser humano oferece os seus serviços a outrem é o interesse pessoal – o ser humano exige uma recompensa pelos serviços prestados a um outro. – O direito da propriedade privada exclusiva é imprescindível para que a troca se estabeleça entre os homens." "Troca e divisão do trabalho se condicionam reciprocamente."

Segundo Skarbek, Mill apresenta a troca desenvolvida, o *comércio*, como *consequência* da *divisão do trabalho*.

> "A atividade do ser humano pode ser reduzida a elementos muito simples. Na verdade, ela não pode fazer nada mais do que produzir movimento; pode mover as coisas para afastá-las umas das outras ||XXXVII| ou aproximá-las umas das outras; os atributos da matéria fazem o resto. Na aplicação do trabalho e das máquinas, nota-se frequentemente que os efeitos podem ser aumentados mediante uma hábil distribuição, mediante separação das operações que se contrastam e mediante junção de todas aquelas que possam se fomentar reciprocamente de alguma maneira. Visto que, no geral, os seres humanos não podem executar muitas operações diversas com velocidade e habilidade iguais ao modo como o hábito

lhes proporciona essa capacidade para a execução de um número menor – é sempre vantajoso restringir tanto quanto possível o número de operações confiadas a cada indivíduo. – Para a divisão do trabalho e para a distribuição das forças do ser humano e das máquinas da maneira mais vantajosa, é necessário, em um conjunto de casos, operar em uma grande escala ou, em outras palavras, produzir as riquezas em grandes massas. Essa vantagem é a base do surgimento das grandes manufaturas, das quais, frequentemente, um número pequeno, estabelecido sob condições favoráveis, aprovisiona às vezes não apenas um único, mas vários países com a aqui exigida quantidade dos objetos por eles produzidos."

Segundo Mill.

Mas toda a teoria moderna da economia nacional concorda que divisão do trabalho e riqueza da produção, divisão do trabalho e acumulação do capital se condicionam reciprocamente, bem como que só a mais útil e abrangente divisão do trabalho pode criar a propriedade privada *liberta*, entregue a si mesma.

O desenvolvimento de Adam Smith pode ser assim resumido: a divisão do trabalho dá ao trabalho a infinita capacidade de produção. Ela está fundada na *inclinação* à *troca* e ao *regateio*, uma inclinação especificamente humana, que provavelmente é não acidental, mas condicionada pelo uso da razão e da linguagem. O motivo de quem troca é não a *humanidade*, mas o *egoísmo*. A diversidade dos talentos humanos é mais o efeito do que a causa da divisão do trabalho, isto é, da troca. Só a última também torna útil essa diversidade. Por natureza, os atributos particulares das diversas raças de uma espécie animal são mais nítidos do que a diversidade da aptidão e da atividade humanas. Mas porque os animais não são capazes de *trocar*, não é útil a nenhum indivíduo animal o diferente atributo de um animal da mesma espécie, mas de raça diversa. Os animais não são capazes de combinar os diferentes atributos da sua *species*; não são capazes de contribuir em nada à vantagem *comunitária* e à comodidade da sua *species*. É distinto o *ser humano*, no qual os mais díspares talentos e modos de atividade se utilizam reciprocamente *porque* podem juntar seus *diversos* produtos em uma massa comunitária, da qual qualquer um pode comprar. A divisão do trabalho provém da inclinação da *troca*, assim como ela cresce e é limitada pela *extensão da troca*, do *mercado*. No estado progredido, todo ser humano [é] negociante; a sociedade, uma *sociedade comercial*.

Say considera a *troca* como acidental e não fundamental. A sociedade poderia subsistir sem ela. Ela se torna imprescindível no estado avançado da sociedade. Ainda assim, a *produção* não pode ter lugar *sem ela*. A divisão do trabalho é um meio *cômodo, útil*, um emprego hábil das forças humanas para a riqueza social, mas ela diminui a *capacidade de cada ser humano* tomado *individualmente*. A última observação é um progresso de Say.

Skarbek diferencia as forças *individuais, inerentes* ao *ser humano*, inteligência e disposição física ao trabalho, das forças *derivadas* da sociedade, *troca e divisão do trabalho*, que se condicionam reciprocamente. Mas o pressuposto necessário da troca é a *propriedade privada*. Skarbek expressa aqui, de forma objetiva, o que Smith, Say, Ricardo etc. dizem quando caracterizam o *egoísmo*, o *interesse privado*, como fundamento da troca, ou o *regateio* como a forma *essencial* e *adequada* da troca.

Mill apresenta o *comércio* como consequência da *divisão do trabalho*. Para ele, a atividade *humana* se reduz a um *movimento mecânico*. Divisão do trabalho e emprego de máquinas promovem a riqueza da produção. Deve-se confiar a cada ser humano um conjunto tão pequeno quanto possível de operações. Por seu lado, a divisão do trabalho e o emprego de máquinas condicionam a produção da riqueza em massa, ou seja, concentração do produto. Eis o fundamento das grandes manufaturas.

||XXXVIII| A consideração da *divisão do trabalho* e a da *troca* são do maior interesse porque elas são as expressões *patentemente alienadas* da *atividade* e da *força essencial* humanas como uma atividade e uma força essencial genéricas.

A afirmação de que a *divisão do trabalho* e a *troca* se baseiam na *propriedade privada* não é outra coisa senão a afirmação de que o *trabalho* é a essência da propriedade privada, uma afirmação que o teórico da economia nacional não logra provar, e que queremos provar para ele. Justamente nisso, na circunstância de a *divisão do trabalho* e a *troca* serem formas da propriedade privada, justamente nisso reside a prova dupla, tanto de que a vida *humana* necessitou da *propriedade privada* para a sua efetivação, como, por outro lado, de que ela agora necessita da suprassunção da propriedade privada.

Divisão do trabalho e *troca* são os dois *fenômenos* nos quais o teórico da economia nacional insiste pela socialidade da sua ciência e exprime, de uma assentada, sem consciência, a contradição da sua ciência, a fundação da sociedade pelo interesse particular insocial.

Os momentos que temos de considerar são: ora a *inclinação de troca* – cujo fundamento vem a ser encontrado no egoísmo – é considerada como o fundamento ou a ação recíproca da divisão do trabalho. Say considera a troca como não *fundamental* para a essência da sociedade. A riqueza, a produção, é explicada pela divisão do trabalho e pela troca. São admitidos o empobrecimento e o desessenciamento da atividade individual pela divisão do trabalho. Troca e divisão do trabalho são reconhecidas como producentes da grande *diversidade dos talentos humanos*, uma diversidade que também se torna novamente *útil* pelas primeiras. Starbek divide as forças de produção ou essenciais produtivas do ser humano em duas partes: 1) as individuais e que lhe são inerentes, sua inteligência e suas disposição ou capacidade laborais especiais; 2) as *derivadas* da sociedade – não do indivíduo efetivo –, a divisão do trabalho e a troca. – Ademais: a divisão do trabalho é restringida pelo *mercado*. – O trabalho humano é *movimento mecânico* simples; os atributos materiais dos objetos fazem o principal. – A um indivíduo tem de ser atribuído o menos possível de operações. – Cisão do trabalho e concentração do capital, a nulidade da produção individual e a produção da riqueza em massa. – Entendimento da livre-propriedade privada na divisão do trabalho. ||XXXVIII|

[Dinheiro]

||XLI| Se os *sentimentos*, as paixões etc. do ser humano são não apenas determinações antropológicas no sentido [estrito], mas afirmações verdadeiramente *ontológicas* do ser (natureza) – e se elas só se afirmam efetivamente pela circunstância de seu *objeto* ser *sensível* para elas, então se compreende 1. que o modo da sua afirmação não é, de maneira nenhuma, um e o mesmo, mas, antes, o modo distinto da afirmação forma a peculiaridade da sua existência, de sua vida; o modo como o objeto é para

elas é o modo peculiar da sua *fruição*; 2. ali onde a afirmação sensível for o suprassumir imediato do objeto em sua forma independente (comer, beber, elaborar o objeto etc.), é essa a afirmação do objeto; 3. na medida em que o ser humano é *humano*, ou seja, também em que sua sensibilidade etc. são *humanos*, a afirmação do objeto por um outro é também sua fruição própria; 4. é só por meio da indústria desenvolvida, isto é, por intermediação da propriedade privada, que a essência ontológica da paixão humana vem a ser, tanto em sua totalidade como em sua humanidade; a ciência do ser humano, portanto, é ela mesma um produto da autoatividade prática do ser humano; 5. o sentido da propriedade privada – dissociada de seu estranhamento – é a *existência* dos *objetos essenciais* para o ser humano, tanto como objeto da fruição quanto como objeto da atividade. –

O *dinheiro*, na medida em que possui o *atributo* de tudo comprar, na medida em que possui o atributo de se apropriar de todos os objetos, é, portanto, o *objeto* no sentido eminente. A universalidade do seu *atributo* é a onipotência de seu ser; daí ele ser considerado como ser onipotente. [...] O dinheiro é o *alcoviteiro* entre a carência e o objeto, entre a vida e o meio de vida do ser humano. Mas o *que* intermedeia *minha* vida a mim *intermedeia a mim* também a existência de outro ser humano para mim. Isso é, para mim, o *outro* ser humano. –

> "Que diabo! Decerto mão e pés
> e cabeça e traseiro, eles são teus!
> Mas tudo que fruo com frescor,
> É por isso menos meu?
> Se posso pagar seis garanhões,
> não são minhas as suas forças?
> Corro e sou um homem direito,
> como se eu tivesse vinte e quatro pernas."
> – Goethe, *Fausto* (Mefisto)

Shakespeare, em *Tímon de Atenas*:

> "Ouro! Amarelo, cintilante, precioso ouro!
> Não, deuses! Não sou um devoto ocioso.
> Ora, um tanto dele há de tornar branco
> o preto, justo o infame,
> certo o errado, nobre o baixo, jovem o
> velho, corajoso o covarde.
> Há de persuadir seus sacerdotes e servos,
> há de tirar a tranquilidade dos homens
> resolutos.
> Esse escravo amarelo há de unir e dissolver
> religiões,
> abençoará os malditos,
> tornará adorado o rouco leproso,
> colocará os ladrões junto com os
> senadores,
> e lhes dará título, articulação e aprovação.
> É ele que faz com que a viúva desflorada
> se case novamente.
> Ela, que o hospital e as feridas ulcerosas
> lançariam ao desfiladeiro,
> ele torna a perfumar e condir para o dia
> de abril.
> Vem, maldito pó,
> prostituta vulgar do gênero humano
> que instaura desavenças entre as várias
> nações."

E mais abaixo:

> "Ó doce assassino de reis, e caro divórcio
> entre filho natural e progenitor!
> Brilhante profanador
> do mais puro leito de Himeneu! Valente
> Marte!
> Cortejador sempre jovem,
> viçoso, amado e delicado, cujo rubor
> degela
> a neve sagrada que jaz no colo de Diana!
> *Deus visível*,
> que funde as *impossibilidades* mais
> terminantes,

e que as faz se beijarem! Que fala em
todas as línguas,
||XLII| para toda finalidade! Ó tu, que
tocas os corações!
Pensa que teu escravo se rebela, e por
tua virtude
lança-os em confusas desavenças,
de modo que as bestas possam imperar
sobre o mundo!"

Shakespeare descreve acuradamente a essência
do *dinheiro*. Para compreendê-lo, comecemos primeiro com a interpretação da passagem goetheana.

O que é para mim pelo *dinheiro*, o que posso
pagar, isto é, o que o dinheiro pode comprar, isto
sou eu, o possuidor mesmo do dinheiro. Minha força
é tão grande quanto a força do dinheiro. Os atributos do dinheiro são atributos meus e forças essenciais minhas – do seu possuidor. O que *sou* e *consigo*,
portanto, não é determinado pela minha individualidade, isso de modo nenhum. *Sou* feio, mas posso
comprar para mim a mulher *mais bela*. Logo, não sou
feio, pois o efeito da *fealdade*, sua força repugnante, é
aniquilada pelo dinheiro. Sou – em minha individualidade – *manco*, mas o dinheiro me proporciona vinte
e quatro pés; logo, não sou manco; sou um ser humano mau, desonesto, sem escrúpulos, sem espírito,
mas o dinheiro é honrado e, portanto, seu possuidor
também o é. O dinheiro é o bem mais elevado; logo,
seu possuidor é bom. Ademais, o dinheiro me livra
do incômodo de ser desonesto; logo, sou presumido
como honesto; sou *sem espírito*, mas o dinheiro é o
espírito efetivo de todas as coisas – como o seu possuidor haveria de ser sem espírito? Além disso, ele pode
comprar para si as gentes ricas de espírito, e quem
tem o poder sobre os ricos de espírito não seria mais
rico de espírito do que o rico de espírito? Eu, que
pelo dinheiro consigo *tudo* que um coração

humano almeja, não possuiria todas as capacidades humanas? Meu dinheiro não transformaria então todas as minhas incapacidades em seu contrário?

Se o *dinheiro* é o laço que me vincula à vida *humana*, que vincula a sociedade a mim, que me vincula à natureza e aos seres humanos, não seria o dinheiro o laço de todos os *laços*? Não poderia ele desatar e atar todos os laços? Não seria ele, por isso, também o *meio dissolutivo* universal? Ele é a verdadeira *moeda divisionária*, assim como o verdadeiro *meio de ligação*, a [...] força *química* da sociedade.

Em relação ao dinheiro, Shakespeare destaca duas propriedades em especial.

1. Ele é a divindade visível, a transformação de todos os atributos humanos e naturais em seu contrário, a confusão e a inversão universais das coisas; ele confraterniza impossibilidades;

2. Ele é a prostituta universal, o alcoviteiro universal dos seres humanos e dos povos.

A inversão e a confusão de todas as qualidades humanas e naturais, a confraternização das impossibilidades – a força *divina* – do dinheiro reside em sua *essência* enquanto o *ser genérico* estranhado, a se alienar e a se vender, do ser humano. Ele é a *capacidade* alienada da *humanidade*.

O que não consigo enquanto *ser humano*, ou seja, o que todas as minhas forças essenciais individuais não conseguem, eu consigo pelo *dinheiro*. O dinheiro, portanto, torna cada uma dessas forças essenciais algo que ela, em si, não é, isto é, o seu *contrário*.

Se almejo um comestio, ou se quero utilizar a mala-posta porque não sou forte o suficiente para percorrer o caminho a pé, o dinheiro me proporciona o comestio e a mala-posta, isto é, ele transforma meus desejos de seres da representação, ele os traduz, da sua existência pensada, representada, querida, à sua existência *sensível, efetiva*; da representação, à vida; do ser representado, ao ser efetivo. Enquanto essa intermediação, ele é a força *verdadeiramente criadora*.

A *demanda*[54] decerto existe também para aquele que não tem nenhum dinheiro, mas sua demanda é um mero ser da representação, que não tem, sobre mim, sobre o terceiro, sobre os [outros], ||XLIII| nenhum efeito, nenhuma existência, ou seja, permanece, para mim mesmo, *inefetivo, sem objeto*. A diferença da demanda efetiva, baseada no dinheiro, e da sem efeito, baseada na minha carência, na minha paixão, no meu desejo etc. é a diferença entre *ser* e *pensar*, entre a mera representação *existente* em mim e a representação tal como ela é para mim enquanto *objeto efetivo fora* de mim.

Se não tenho nenhum dinheiro para viajar, então não tenho nenhuma *carência* de viajar, isto é, nenhuma carência de viajar efetiva e a se efetivar. Se tenho *vocação* para estudar, mas não tenho nenhum dinheiro para isso, não tenho *nenhuma* vocação para estudar, isto é, nenhuma vocação *verdadeira*, nenhuma vocação *efetiva*. Em contrapartida, se não tenho realmente *nenhuma* vocação para estudar, mas a vontade *e* o dinheiro, então tenho uma vocação *efetiva* para isso. O *dinheiro*, enquanto *meio* universal externo, não proveniente do ser humano enquanto ser humano, e não da sociedade humana enquanto sociedade, e enquanto *capacidade* de transformar a *representação em efetividade* e a *efetividade em uma mera representação*, transforma na mesma medida as *forças essenciais humanas e naturais efetivas* em meras representações abstratas e, por isso, em *imperfeições*, tortuosas fantasias, assim como, por outro lado, transforma as *fantasias e imperfeições efetivas*, as forças essenciais efetivamente impotentes do indivíduo, existentes apenas na imaginação do mesmo, em *capacidade* e *forças essenciais efetivas*. Já de acordo com essa determinação, ele logo é, portanto, a inversão universal das *individualidades*, que as transforma em seu contrário e que, aos seus atributos, acrescenta atributos contraditórios.

Assim, é como esse poder *inversor* que o dinheiro também aparece perante o indivíduo e perante os laços sociais etc., que, para si, afirmam ser *essência*. Ele transforma a fidelidade em infidelidade, o amor em ódio, o ódio em amor, a virtude em vício, o vício em virtude, o servo em senhor, o senhor em servo, a parvoíce em entendimento, o entendimento em parvoíce.

Visto que, enquanto conceito existente e ativo de valor, o dinheiro confunde, troca todas as coisas, ele *é confusão* e *troca* universais de todas as coisas, ou seja, o mundo invertido, a confusão e a troca de todas as qualidades naturais e humanas.

Quem pode comprar a valentia é valente, ainda que seja covarde. Visto que o dinheiro não se troca por uma qualidade determinada, por uma coisa determinada, nem por forças essenciais humanas, mas por todo o mundo objetivo humano e natural, ele troca, portanto – considerado do ponto de vista do seu possuidor –, qualquer atributo por qualquer atributo e objeto – mesmo que o contradiga –; ele é a confraternização das impossibilidades, força os contraditórios aos beijos.

Caso pressuponhas o *ser humano* como *ser humano* e sua relação com o mundo como uma relação humana, podes trocar amor apenas por amor, confiança apenas por confiança etc. Se quiseres fruir da arte, tens de ser um ser humano artisticamente cultivado; se quiseres exercer influência sobre outros seres humanos, tens de ser um ser humano que atue sobre os outros de modo efetivamente estimulante e incentivador. Cada uma das tuas relações com o ser humano – e com a natureza – tem de ser uma *externação determinada* da tua vida *individual efetiva* correspondente ao objeto da tua vontade. Se amas sem provocar amor recíproco, isto é, se teu amar, enquanto amar, não produz o amor recíproco, se por meio da tua *externação de vida* como ser humano amante não fazes de ti *ser humano amado*, então teu amor é impotente, uma infelicidade. |XLIII||

[Crítica da dialética e da filosofia hegelianas em geral]

||XI| 6. Este ponto talvez seja o lugar para fazer algumas alusões tanto sobre o entendimento e a legitimidade referentes à dialética hegeliana em geral quanto especificamente sobre a sua exposição nas *Fenomenologia* e *Lógica*; ao final, sobre a relação do movimento crítico mais recente. –

A ocupação do velho mundo com o conteúdo, o desenvolvimento da crítica moderna alemã, cativado pelo tema, foi tão intenso que tiveram lugar uma conduta completamente acrítica referente ao método de criticar e uma completa falta de consciência sobre a questão, *aparentemente formal*, mas efetivamente *essencial*: como nos portamos com referência à *dialética* hegeliana? A falta de consciência – sobre a relação da crítica moderna com a filosofia hegeliana em geral, e particularmente com a dialética – foi tão grande que críticos como Strauss e Bruno Bauer ainda se encontram, ao menos na potência, plenamente cativados pela lógica de Hegel, o primeiro completamente, o segundo em seus *Sinóticos* (onde ele, contra Strauss, põe a "consciência-de-si" do ser humano abstrato no lugar da substância da "natureza abstrata") e até mesmo em *Cristianismo descoberto*. Assim, por exemplo, diz-se em *Cristianismo descoberto*:

"Como se a consciência-de-si, na medida em que põe o mundo, a diferença, e cria a si mesma naquilo que cria, visto que ela suprassume, em turno, a diferença de si mesma com relação ao criado, visto que só no criar e no movimento ela é ela mesma – como se ela não tivesse, nesse movimento, sua finalidade" etc. ou: 'Eles' (os materialistas franceses) 'ainda não conseguiram enxergar que só como movimento da consciência-de-si que o movimento do universo veio a ser efetivamente para si e foi formar unidade consigo mesmo'."

Expressões que nem mesmo na linguagem mostram alguma diferença com relação à concepção hegeliana, senão que a repetem literalmente.

||XII| Em sua *Boa causa da liberdade*, quando ele refuta a atrevida pergunta do senhor Gruppe – "Mas e a lógica?" – remetendo-o aos críticos futuros, Bauer demonstra o quão pouco havia disponível, durante o ato da crítica (Bauer, os *Sinóticos*), uma consciência sobre a relação com a dialética hegeliana, demonstra o quão pouco essa consciência surgiu, mesmo após o ato da crítica relativa ao tema.

Mas também agora, depois que Feuerbach – tanto em suas *Teses* nos *Anekdota* quanto pormenorizadamente na *Filosofia do futuro* – aniquilou a velha dialética e a velha filosofia no embrião; depois que essa crítica, em contrapartida, que não soube nem consumar esse ato, enxergou, pelo contrário, o ato como consumado, proclamou-o como crítica pura, determinada, absoluta, obteve clareza com relação a si mesma; depois que ela, em sua soberba espiritualista, reduziu todo o movimento histórico à relação do mundo remanente – que, comparado àquele, entra na categoria "massa" – consigo mesmo e reduziu todas as oposições dogmáticas a essa oposição dogmática entre a sua própria inteligência e a estupidez do mundo, entre o Cristo crítico e a humanidade como *"multidão"*; depois que, diariamente e de hora em hora, ela provou seu próprio primor a partir da falta de espírito da massa; depois que, por fim, ela anunciou o *juízo final* crítico na figura do aproximar-se do dia em que toda a humanidade degenerada seria reunida diante dela, sondada por ela em grupos, e cada multidão particular obteria seu *testimonium paupertatis*; depois que ela mandou imprimir sua sublimidade, tanto acima dos sentimentos humanos quanto acima do mundo, pelo qual ela, reinante em sublime solitude, deixa ressoar de seus lábios sarcásticos, apenas de tempos em tempos, o riso dos deuses olímpicos – após todas estas regozijáveis reinações do idealismo fenecente sob a forma da crítica (do jovem-hegelianismo), ele não expressou nem a menor suspeita de que teria, então, de lidar criticamente com sua mãe, a dialética hegeliana, nem mesmo soube indicar algo sobre a sua relação crítica com a dialética feuerbachiana. Um comportamento totalmente acrítico com relação a si mesmo.

Feuerbach é o único que tem uma relação *séria, crítica*, com a dialética hegeliana e fez verdadeiras descobertas nesse campo; é, no geral, o verdadeiro superador da velha filosofia. A grandeza da contribuição e a discreta simplicidade com que Feuerbach a traz ao mundo se encontram em uma singular oposição à relação inversa.

O grande feito de Feuerbach é:

1. a prova de que a filosofia não é outra coisa senão a religião trazida a pensamentos e efetuada no pensar; uma outra forma e um outro modo de existência do estranhamento da essência humana; ou seja, também a se condenar;

2. a fundamentação do *verdadeiro materialismo* e da *ciência real*, na medida em que Feuerbach, do mesmo modo, faz da relação social "do ser humano com o ser humano" o princípio fundamental da teoria;

3. na medida em que ele contrapõe, à negação da negação, que afirma ser o absolutamente positivo, o positivo que repousa sobre si mesmo e que se fundamenta positivamente sobre si mesmo.

Feuerbach explica a dialética hegeliana – (e fundamenta assim o ponto de partida do positivo, do sensivelmente certo) – da seguinte maneira:

Hegel parte do estranhamento (logicamente: do infinito, do abstratamente universal), da substância, da abstração absoluta e fixa. – Isto é, expresso popularmente, ele parte da religião e da teologia.

Segundo: ele suprassume o infinito, põe o efetivo, sensível, real, finito, particular (filosofia, suprassunção da religião e teologia).

Terceiro: ele novamente suprassume o positivo, restabelece a abstração, o infinito. Restabelecimento da religião e teologia.

Assim, Feuerbach apreende a negação da negação apenas como contradição da filosofia consigo mesma, como a filosofia que afirma a teologia (transcendência etc.) depois de ter negado a mesma, ou seja, que afirma em oposição a si mesma.

A posição, ou autoafirmação e autoconfirmação, que reside na negação da negação, é apreendida como uma posição não admitida, ainda não segura de si mesma, por isso a conter sua oposição, a duvidar de si mesma e, por isso, a carecer de prova, portanto a não se provar a si mesma pela sua existência ||XIII| e, por isso, contraposta, de maneira direta e imediata, à posição sensivelmente certa, fundada em si mesma[4].

Mas na medida em que Hegel apreendeu a negação da negação – como o única e verdadeiramente positivo, a considerar a relação positiva que nela reside, como o ato unicamente verdadeiro e ato de autoatividade de todo o ser, a considerar a relação negativa que nela reside –, ele só encontrou a expressão *abstrata, lógica, especulativa* para o movimento da história, a história ainda não *efetiva* do ser humano enquanto um sujeito pressuposto, mas apenas *ato de engendramento, história do surgimento* do ser humano. – Elucidaremos tanto a forma abstrata quanto a diferença que esse movimento tem em Hegel, em oposição à crítica moderna do mesmo processo em *A essência do cristianismo* de Feuerbach, ou, antes, a forma *crítica* desse movimento ainda acrítico em Hegel. – Um olhar sobre o sistema hegeliano. Deve-se iniciar com a *fenomenologia* hegeliana, o verdadeiro local de nascimento e o mistério da filosofia de Hegel. –

Fenomenologia.

A. *A consciência-de-si.*

I. *Consciência.* α) Certeza sensível ou o isto e o visar. β) A *percepção* ou a coisa com seus atributos, e a *ilusão.* γ) Força e entendimento, fenômeno e mundo suprassensível.

II. *Consciência-de-si.* A verdade da certeza de seu si. a) Dependência e independência da consciência-de-si, dominação e servidão. b) Liberdade da

---

4 Feuerbach apreende, ainda, a negação da negação, o conceito concreto, como o pensar que se sobrepuja no pensar e como o pensar que quer, imediatamente, ser intuição, natureza, efetividade.

consciência-de-si. Estoicismo, ceticismo, a consciência infeliz.

III. *Razão*. Certeza e verdade da razão. a) Razão observadora; observação da natureza e da consciência-de-si, b) efetivação da consciência-de-si racional mediante si mesma. O prazer e a necessidade. A lei do coração e a loucura da vaidade. A virtude e o curso mundano. c) A individualidade, que é real em si e para si. O reino animal espiritual e a impostura ou a coisa mesma. A razão legisladora. A razão examinadora das leis.

B. *O espírito.*

I. O espírito *verdadeiro*; a eticidade. II. O espírito estranhado de si, a formação. III. O espírito certo de si mesmo, a moralidade.

C. *A religião.* Religião *revelada, natural, religião da arte.*

D. *O saber absoluto.*

Assim como a *Enciclopédia* de Hegel começa com a lógica, com o *pensamento puro especulativo*, e termina com o *saber absoluto*, com o espírito consciente-de-si, filosófico ou absoluto a se apreender a si mesmo, isto é, abstrato sobre-humano, a *Enciclopédia* toda não é nada além da *essência estendida* do espírito filosófico, sua auto-objetivação; bem como o espírito filosófico não nada além do espírito estranhado do mundo, a pensar no interior do seu autoestranhamento, isto é, a se apreender abstratamente. – A *lógica* – o *dinheiro* do espírito, o *valor do pensamento*, o especulativo, do ser humano e da natureza –, sua essência tornada totalmente indiferente a qualquer determinidade efetiva e, por isso, inefetiva – o *pensar alienado*, daí a abstrair da natureza e do ser humano efetivo; o pensar *abstrato*. – A *externalidade desse pensar abstrato... a natureza*, tal como ela é para esse pensar abstrato. Ela lhe é externa, sua perda-de-si; e ele a apreende também externamente, como pensamento abstrato, mas enquanto pensamento abstrato alienado – por fim, o *espírito*, esse pensamento retornando ao seu próprio local de nascimento, o qual, enquanto espírito antropológico, fenomenológico, psicológico, ético, artístico-religioso, não vige para si mesmo até que finalmente se encontre e se autoafirme como *saber absoluto* e, por isso, como espírito absoluto, isto é, abstrato, até que obtenha sua existência consciente e que lhe seja correspondente. Pois sua existência efetiva é a *abstração*. –

Um duplo erro em Hegel.

1. Evidencia-se mais claramente na *Fenomenologia*, enquanto local de nascimento da filosofia hegeliana. Se ele apreendeu, por exemplo, a riqueza, o poder estatal etc. como a essência estranhada da essência *humana*, isso ocorre apenas na sua forma de pensamento... Eles são seres do pensamento – por conseguinte, apenas um estranhamento do pensar filosófico *puro*, isto é, abstrato. Daí todo o movimento terminar com o saber absoluto. Aquilo de que esses objetos estão estranhados e a quem eles fazem frente com a pretensão de efetividade, isso é justamente o pensar abstrato. O *filósofo* – portanto, ele mesmo uma forma abstrata do ser humano estranhado – se coloca como o *padrão* do mundo estranhado. Daí toda a *história da* alienação e toda a *retomada* da alienação não serem nada além da *história da produção* do pensar abstrato, isto é, absoluto, ||XVII| (vide p. XIII.) do pensar lógico especulativo. O *estranhamento*, que, por conseguinte, forma o verdadeiro interesse dessa alienação e a suprassunção dessa alienação, é a oposição entre *em si* e *para si*, entre *consciência e consciência-de-si*, entre *objeto e sujeito*, isto é, a oposição entre o pensar abstrato e a efetividade sensível ou a sensibilidade efetiva, no interior do pensamento mesmo.

Todas as demais oposições e os movimentos

dessas oposições são apenas *a aparência, o invólucro*, a forma *exotérica* dessas oposições unicamente interessantes, que formam o *sentido* das outras profanas. Considera-se essência do estranhamento, a posta e a se suprassumir, não a circunstância de a essência humana se *objetivar* de modo *inumano* em oposição a si mesma, mas a de ela se *objetivar* à diferença do e em *oposição* ao pensar abstrato.

||XVIII| A apropriação das forças essenciais humanas tornadas objetos e objetos estranhos é, portanto, primeiramente, apenas uma *apropriação* que se dá na *consciência*, no puro *pensar*, isto é, na *abstração*, a apropriação desses objetos como *pensamentos* e *movimentos do pensamento*, razão pela qual, já na *Fenomenologia* – apesar do seu aspecto inteiramente negativo e crítico, e apesar da crítica efetivamente contida nela, frequentemente a antecipar o desenvolvimento mais tardio –, encontra-se já latente, como embrião, como potência, como um mistério, o positivismo acrítico e o idealismo igualmente acrítico das obras hegelianas mais tardias – essa dissolução filosófica e esse restabelecimento da empiria disponível. *Segundo*. A vindicação do mundo objetivo para o ser humano – por exemplo, o conhecimento de que a consciência *sensível* é não uma consciência *abstratamente* sensível, mas uma consciência *humanamente* sensível; de que a religião, a riqueza etc. são apenas a efetividade estranhada da objetivação *humana*, das forças essenciais *humanas* nascidas para o labor e, por isso, apenas o *caminho* à verdadeira efetividade humana –, essa apropriação ou a intelecção desse processo aparece em Hegel, por conseguinte, de modo que a *sensibilidade*, a *religião*, o poder estatal etc. sejam seres *espirituais* – pois só o espírito é a *verdadeira* essência do ser humano, e a verdadeira forma do espírito é o espírito pensante, o espírito lógico, especulativo. A *humanidade* da natureza e da

natureza engendrada pela história, dos produtos do ser humano, aparece nisto: que eles são *produtos* do espírito abstrato e, nessa medida, portanto, momentos *espirituais, seres do pensamento*. Por conseguinte, a *Fenomenologia* é a crítica dissimulada, ainda vaga e mistificadora em si mesma; mas na medida em que ela registra o *estranhamento* do ser humano – ainda que o ser humano apareça apenas na forma do espírito –, *todos* os elementos da crítica se encontram, nela, dissimulados e frequentemente já *preparados* e *elaborados* de uma maneira que vai muito além do ponto de vista hegeliano. A "consciência infeliz", a "consciência honesta", a luta entre "consciência nobre e consciência vil" etc. etc., essas seções particulares contêm os elementos *críticos* – mas ainda em uma forma estranhada – de esferas inteiras, como a da religião, do Estado, da vida civil etc. Portanto, assim como a *essência*, o *objeto* enquanto ser do pensamento, o *sujeito* é sempre *consciência* ou *consciência-de-si*, ou, antes, o objeto aparece apenas como consciência abstrata; o ser humano, apenas como consciência-de-si; as diferentes formas do estranhamento que surgem são, por conseguinte, apenas formas diversas da consciência ou da consciência-de-si. Assim como a consciência abstrata – enquanto tal o objeto vem a ser apreendido – é *em si* apenas um momento diferencial da consciência-de-si, surge também, como resultado do movimento, a identidade da consciência-de--si com a consciência, o saber absoluto, o movimento do pensamento abstrato, a se dar não mais para fora, mas somente em si mesmo, como resultado, isto é, a dialética do pensamento puro é o resultado (vide continuação p. XXII.). |XVIII||

||XXIII| (Vide p. XVIII.) O grandioso na *Fenomenologia* hegeliana e em seu resultado final – a dialética da negatividade enquanto o princípio motriz e engendrador – é, portanto, em

primeiro lugar, que Hegel apreende a autoprodução do ser humano como um processo; a objetivação, como desobjetivação, como alienação e como suprassunção dessa alienação; que ele, portanto, apreende a essência do *trabalho* e concebe o ser humano objetivo, ser humano verdadeiro porque efetivo, como resultado do seu *próprio trabalho*. O comportamento *efetivo, ativo* do ser humano com relação a si enquanto ser genérico, ou a atividade do seu ser genérico como a de um ser genérico efetivo, isto é, como ser humano, só é possível porque ele efetivamente põe pra fora todas as suas *forças genéricas* – o que é possível, em turno, apenas pela atuação conjunta dos seres humanos, apenas como resultado da história –, porque ele se comporta em relação às mesmas como em relação a objetos, o que a princípio, de novo, só é possível na forma do estranhamento.

Agora exporemos a unilateralidade e os limites de Hegel pormenorizadamente, a partir do capítulo final da *Fenomenologia* – "O saber absoluto" –, um capítulo que contém tanto o espírito concentrado da fenomenologia, sua relação com a dialética especulativa, como também a consciência de Hegel sobre ambos e sobre sua relação recíproca.

Por ora, antecipemos ainda apenas isto: Hegel tem o ponto de vista dos teóricos modernos da economia nacional. Ele apreende o *trabalho* como a *essência*, como a essência a se confirmar do ser humano; ele vê apenas o lado positivo do trabalho, não o seu lado negativo. O trabalho é o *vir-a-ser-para-si do ser humano* no interior da *alienação*, ou como ser humano *alienado*. O único trabalho que Hegel conhece e reconhece é o trabalho *abstratamente espiritual*. Portanto, o que forma em geral a *essência* da filosofia, a *alienação do ser humano que sabe de si*, ou a ciência *alienada* a *pensar* em si, isso Hegel apreende como sua essência, e daí ele poder, diante da filosofia precedente, resumir seus momentos particulares e apresentar sua filosofia como *a* filosofia. O que os outros filósofos fizeram – que eles apreendem momentos particulares da natureza e da vida humana como momentos da consciência-de-si, e especificamente da consciência-de-si abstrata –, isso Hegel *conhece* como o *fazer* da filosofia. Por isso sua ciência é absoluta.

Passemos, então, ao nosso objeto.

"*O saber absoluto*". *Último capítulo da Fenomenologia*. O principal é que o *objeto* da *consciência* não é outra coisa senão a *consciência-de-si*, ou que o objeto é apenas a *consciência-de-si objetivada*, a consciência-de-si como objeto. (Estabelecer o ser humano [como] = consciência-de-si.)

Por conseguinte, deve-se superar o *objeto da consciência*. A *objetividade* enquanto tal é considerada como uma relação *estranhada* do ser humano, não correspondente à essência humana nem à consciência-de-si. Assim, a *reapropriação* da essência objetiva do ser humano, engendrada como estranha sob a determinação do *estranhamento*, tem a suprassumir não apenas o significado, o estranhamento, mas a objetividade, isto é, o ser humano é considerado, portanto, como um ser *espiritualista, não objetivo*.

O movimento de *superação do objeto da consciência* é então descrito por Hegel da seguinte maneira:

O *objeto* se mostra não apenas (esta é, segundo Hegel, a concepção *unilateral* – ou seja, a apreender este lado – daquele movimento) como *retornante* ao *si*. O ser humano vem a ser = si posto. O si, porém, é apenas o ser humano apreendido *abstratamente* e engendrado mediante abstração. O ser humano *é* do si. Seu olho, seu ouvido etc. são *do si*; cada uma de suas forças essenciais tem nele o atributo da *ipseidade*. Mas então, por essa razão, é totalmente errado dizer: a *consciência-de-si* tem olho, ouvido, força essencial. Antes, a *consciência-de-si* é uma qualidade da natureza humana, do olho humano etc., não que a natureza humana seja uma qualidade da ||XXIV| *consciência-de-si*.

O si abstraído e fixado por si é o ser humano enquanto *egoísta abstrato*, o *egoísmo* elevado ao pensar, em sua pura abstração. (Mais tarde retornaremos a isso.)

Para Hegel, a *essência humana, o ser humano*, é = *consciência-de-si*. Daí todo estranhamento da essência humana não ser *nada* senão *estranhamento da consciência-de-si*. O estranhamento da consciência-de-si não é considerado *expressão* do estranhamento *efetivo* da essência humana, expressão a se refletir no saber e no pensar. Antes, o estranhamento *efetivo*, a aparecer como real, é, em sua *mais íntima* essência oculta – e só trazida à luz pela filosofia –, nada além do *fenômeno* do estranhamento da essência humana efetiva, da *consciência-de-si*. Daí a ciência que o concebe se chamar *fenomenologia*. Daí toda reapropriação da essência objetiva estranhada aparecer como uma incorporação à consciência-de-si; o ser humano a se apoderar da sua essência é apenas a consciência-de-si a se apoderar da essência objetiva. Daí o retorno do objeto ao si ser a reapropriação do objeto. –

Expressa de modo geral, a *superação do objeto da consciência* é:

1. que o objeto como tal se apresenta à consciência como desvanecente;

2. que a alienação da consciência-de-si é que põe a coisidade;

3. que essa alienação tem significado não apenas *negativo*, mas *positivo*;

4. ela o tem não apenas *para nós* ou em si, mas *para ela mesma*.

5. *Para ela*, o negativo do objeto ou de seu suprassumir-a-si-mesmo tem, desse modo, significado *positivo*, ou ela *sabe* dessa nulidade do mesmo na medida em que ela se aliena a si própria, pois nessa alienação ela põe a *si* como objeto ou o objeto como a si mesma em virtude da unidade inseparável do *ser-para-si*.

6. Por outro lado, esse outro momento ao mesmo tempo reside em que ela também, igualmente, suprassumiu e retomou em si essas alienação e objetividade, ou seja, está *junto de si* em *seu* ser-outro enquanto *tal*.

7. Esse é o movimento da consciência, e esta é, nele, a totalidade dos seus momentos.

8. Do mesmo modo, ela tem de haver se relacionado com o objeto na totalidade das suas determinações e deve tê-lo apreendido em cada uma das mesmas. Essa totalidade das suas determinações o torna, *em si*, um *ser espiritual*, e, isso vem a ser para a consciência, em verdade, mediante o apreender de cada uma das mesmas como apreender de *si* ou mediante a relação *espiritual* com elas nomeada acima.

ad 1. Que o objeto como tal se apresenta à consciência como desvanecente, isso é o retorno do objeto ao si, mencionado acima.

ad 2. A *alienação da consciência-de-si* põe a *coisidade*. Porque o ser humano [é] = consciência-de-si, então sua essência objetiva alienada, ou a *coisidade* (aquilo *que* seja *objeto para ele*, e objeto é, para ele, verdadeiramente, apenas o que lhe seja objeto essencial, o que seja, portanto, sua essência *objetiva*. Mas a coisidade só pode ser a consciência-de-si alienada, visto que tornado sujeito é não o ser humano *efetivo* como tal, por isso tampouco a *natu-*

reza – o ser humano é a *natureza humana* –, senão que apenas a abstração do ser humano, a consciência-de--si), [é] = *consciência-de-si alienada*, e a *coisidade* é posta por essa alienação. É totalmente natural que um ser vivo, natural, munido e dotado de forças essenciais objetivas, isto é, materiais, também tenha objetos *efetivos* naturais do seu ser, assim como sua autoalienação é a posição de um mundo objetivo, *efetivo*, mas sob a forma da *externalidade*, ou seja, superior e não pertencente ao seu ser. Não há nada de inconcebível ou de enigmático nisso. Antes, enigmático seria o contrário. Mas é igualmente claro que uma *consciência-de-si*, mediante sua alienação, pode pôr apenas a *coisidade*, isto é, só mesmo uma coisa abstrata, uma coisa da abstração, e nenhuma coisa *efetiva*. É ||XXVI| claro, ademais, que a coisidade, por conseguinte, é não algo de *independente, essencial*, perante a consciência-de-si, isso de modo nenhum, mas uma simples criatura, algo *posto* por ela, e o posto, ao invés de se confirmar a si mesmo, é apenas uma confirmação do ato do pôr, o qual, por um instante, fixa sua energia como o produto e *aparenta* lhe conferir – mas só por um instante – o papel de um ser independente, efetivo.

Quando o *ser humano* efetivo, corporal, a aspirar e a expirar suas forças naturais, de pé sobre a Terra firme, arredondada, *põe* as suas *forças essenciais* objetivas, efetivas, como objetos estranhos, mediante sua alienação, o *pôr* não é sujeito; ele é a subjetividade de *forças essenciais objetivas*, cuja ação, por conseguinte, também tem de ser *objetiva*. O ser objetivo atua objetivamente, e ele não atuaria objetivamente se o objetivo não residisse em sua determinação essencial. Ele só cria, põe objetos, porque é posto mediante objetos, porque é, em origem, *natureza*. No ato do pôr, portanto, ele não passa, a partir da sua "atividade pura", a um *criar* do *objeto*, mas seu produto *objetivo* confirma apenas sua atividade *objetiva*, sua atividade enquanto a atividade de um ser natural objetivo.

Vemos aqui como o naturalismo efetuado, ou humanismo, distingue-se tanto do idealismo quanto do materialismo e é, ao mesmo tempo, a verdade unificadora de ambos. Ao mesmo tempo, vemos como só o naturalismo é capaz de conceber o ato da história universal.

⟨O *ser humano* é, de imediato, *ser natural*. Em parte, como ser natural, e como ser natural vivo, ele está munido de *forças naturais*, de *forças vitais*, é um ser natural *ativo*; essas forças existem nele como aptidões e capacidades, como *pulsões*; em parte, como ser natural, corporal, sensível, objetivo, ele é um ser *sofrente*, condicionado e restringido como são o animal e a planta, isto é, os *objetos* das suas pulsões existem fora dele, como *objetos* independentes dele; mas esses objetos são *objetos* da sua *carência, objetos* essenciais, imprescindíveis à atividade e à confirmação das suas forças essenciais. Que o ser humano é um ser objetivo *corporal*, com forças naturais, vivo, efetivo, sensível, significa que ele tem *objetos efetivos, sensíveis*, como objeto do seu ser, da sua externação de vida, ou que ele só pode *externar* sua vida em objetos efetivos, sensíveis. Ser objetivo, natural, sensível e, do mesmo modo, ter fora de si objeto, natureza, sentido, ou até ser objeto, natureza, sentido para um terceiro, são idênticos.⟩ A *fome* é uma *carência* natural; para se satisfazer, para se saciar, portanto, ela necessita de uma *natureza* fora de si, de um *objeto* fora de si. A fome é a carência confessa do meu corpo referente a um *objeto* existente fora dele, imprescindível à sua integração e à sua externação essencial. O sol é o *objeto* da planta, um objeto que lhe é imprescindível, confirmador da sua vida, assim como a planta é objeto do sol enquanto *externação*

169

da força evocadora de vida do sol, da força essencial *objetiva* do sol.

Um ser que não tenha sua natureza fora de si não é ser *natural*, não toma parte na essência da natureza. Um ser que não tenha nenhum objeto fora de si não é ser objetivo. Um ser que não seja ele mesmo objeto para um terceiro ser não tem nenhum ser para seu *objeto*, isto é, não se comporta objetivamente, seu ser não é objetivo.

||XXVII| Um ser não objetivo é uma *inessência*.

Põe um ser que não é, ele mesmo, objeto, nem tem um objeto. Tal ser seria, primeiro, o único ser, não existiria nenhum ser fora dele, ele existiria em solitude e solitário. Pois tão logo existam objetos fora de mim, tão logo eu não esteja *só*, sou um *outro*, uma *efetividade outra* que não o objeto fora de mim. Para esse terceiro objeto, portanto, eu sou uma *efetividade outra* que não ele, isto é, *seu* objeto. Assim, um ser que não seja objeto de um outro ser presume que não exista *nenhum* ser objetivo. Tão logo eu tenha um objeto, esse objeto tem a mim como objeto. Mas um ser *não objetivo* é um ser inefetivo, não sensível, apenas pensado, isto é, apenas imaginado, um ser da abstração. Ser *sensível*, isto é, ser efetivo, é ser objeto do sentido, é ser objeto *sensível*, ou seja, ter objetos sensíveis fora de si, ter objetos da sua sensibilidade. Ser sensível é ser *sofrente*.

Daí o ser humano ser um ser *sofrente*, um ser *passional* enquanto ser objetivo sensível, porque ser a sentir seu sofrimento. A paixão, a *passion*, é força essencial do ser humano, a qual tende energicamente ao seu objeto.

⟨Só que o ser humano é não apenas ser natural, mas ser natural *humano*, isto é, ser existente para si mesmo, por isso *ser genérico* que, como tal, tem de atuar e se confirmar tanto em seu ser quanto em seu saber. Assim, nem os objetos *humanos* são objetos naturais tal como se oferecem imediatamente, nem o *sentido humano*, tal como ele *é* imediatamente, objetivamente, é sensibilidade *humana*, objetividade humana. Nem a natureza – objetivamente –, nem a natureza, subjetivamente, está disponível de imediato ao ser *humano* de maneira adequada.) E como tudo de natural tem que *surgir*, também o *ser humano* tem seu ato de surgimento, a *história*, mas que para ele é uma história conhecida e que, por isso, enquanto ato de surgimento com consciência, é ato de surgimento que se suprassume. A história é a verdadeira história natural do ser humano. – (Há de se voltar a isso.)

Terceiro, visto que esse pôr da coisidade mesma é só uma aparência, um ato que contradiz a essência da atividade pura, ele também tem de ser novamente suprassumido, e, a coisidade, negada.

ad 3, 4, 5, 6. – 3. Essa alienação da consciência tem significado não apenas *negativo*, mas também *positivo*, e 4. esse significado positivo [é] não apenas *para nós* ou em si, mas para ela mesma, para a consciência. 5. *Para ela*, assim, o negativo do objeto, ou seu suprassumir-a-si-mesmo, tem o significado *positivo*, ou ela *sabe* dessa nulidade do mesmo por se alienar a *si* mesma, pois ela *sabe* dessa alienação como objeto, ou do objeto como a si mesma, em virtude da inseparável unidade do *ser-para-si*. 6. Por outro lado, o outro momento ao mesmo tempo reside em que ela, igualmente, também suprassumiu e retomou em si essas alienação e objetividade, ou seja, está *junto de si* em seu *ser-outro enquanto tal*.

Já vimos. Para Hegel, a apropriação do ser objetivo estranhado, ou a suprassunção da objetividade sob a determinação do *estranhamento* – que deve ir da estranheza indiferente até o estranhamento hostil efetivo –, tem ao mesmo tempo, ou até principalmente, o significado de suprassumir a *objetividade*, porque o ofensivo e o estranhamento, para a consciência-de-si, é não o caráter *determinado* do objeto, mas seu caráter *objetivo*. Daí o objeto ser um negativo, algo a se suprassumir a si mesmo, uma *nulidade*. Para a consciência, essa nulidade do mesmo tem não apenas um significado negativo, mas também um significado *positivo*, pois essa *nulidade* do objeto é justamente a *autoconfirmação* da não objetividade, da ||XXVIII| *abstração*, de si mesmo. Para a *consciência mesma*, a nulidade do objeto tem um significado positivo porque *sabe* dessa nulidade, do ser objetivo, como sua *autoalienação*; porque sabe que ela só é por sua autoalienação...

A maneira como a consciência é, e como algo é para ela, é o *saber*. O saber é seu único ato. Por conseguinte, algo vem a ser para a mesma na medida em que ela *sabe desse algo*. Saber é seu único comportamento objetivo. – Mas ela sabe da nulidade do objeto, isto é, do ser indistinto do objeto quanto a ela, do não-ser do objeto para ela – na medida em que ela sabe do objeto enquanto sua *autoalienação*, isto é, sabe de si – o saber como objeto –, na medida em que o objeto é apenas a *aparência* de um objeto, uma névoa enganosa, mas, em sua essência, não é nada além do que o saber mesmo, o qual se colocou contra si mesmo e, por conseguinte, contra uma *nulidade*, um algo que não tem *nenhuma* objetividade fora do saber; ou o saber sabe que só está *fora* de si, se aliena, na medida em que se relaciona com um objeto; sabe que ele *mesmo aparece* a si apenas como objeto, ou que aquilo que lhe aparece como objeto é somente ele mesmo.

Por outro lado, diz Hegel, esse outro momento ao mesmo tempo reside em que ela, igualmente, suprassumiu e retomou em si essas alienação e objetividade, ou seja, está *junto de si* em seu *ser-outro enquanto tal*.

Nesse exame temos, juntas, todas as ilusões da especulação.

Primeiro: a consciência, a consciência-de-si, está *junto de si em seu ser-outro enquanto tal*. Por conseguinte – ou se aqui abstrairmos da abstração hegeliana e pusermos a consciência-de-si do ser humano no lugar da consciência-de-si –, ela está *junto de si* em seu *ser-outro enquanto tal*. Nisso reside, em primeiro lugar, que a consciência – o saber enquanto saber, o pensar enquanto pensar – pretende imediatamente ser o *outro* de si mesmo, sensibilidade, efetividade, vida – o pensar a se sobrepujar ao pensar (Feuerbach). Esse aspecto está implicado aqui, na medida em que a consciência, enquanto consciência apenas, tem seu impulso não na objetividade estranhada, mas na *objetividade enquanto tal*.

Em segundo lugar, nisso reside o fato de o ser humano consciente-de-si, na medida em que suprassumiu e reconheceu o mundo espiritual – ou a existência espiritual universal do seu mundo – como autoalienação, ainda assim confirma o mesmo novamente nessa forma alienada e o indica como sua verdadeira existência, ele o restabelece, pretende estar *junto de si* [em seu] *ser-outro enquanto tal*, ou seja, depois da suprassunção da religião, por exemplo, depois do reconhecimento da religião como um produto da autoalienação, encontra-se confirmado, contudo, na *religião* como *religião*. Aqui *está* a raiz do *falso* positivismo de Hegel ou do seu criticismo apenas *aparente*: aquilo que Feuerbach caracteriza como o pôr, o negar e o restabelecer da religião ou da teologia – mas que deve ser apreendido de modo mais geral. A razão, portanto, está junto de si na desrazão enquanto desrazão. O ser humano que, no direito, na política etc., reconheceu levar uma vida alienada, leva nessa vida alienada, enquanto tal, sua verdadeira vida humana. Assim, a autoafirmação, autoconfirmação na *contradição* consigo mesma, tanto com o saber como com a essência do objeto, é o verdadeiro *saber* e *viver*.

Portanto, não se pode mais falar de uma acomodação de Hegel diante da religião, do Estado etc., visto que essa mentira é a mentira do seu princípio.

||XXIX| Se *sei* da religião como consciência-de-si humana *alienada*, logo sei confirmada nela, enquanto religião, não minha consciência-de-si, mas minha consciência-de-si alienada. Meu si mesmo, consciência-de-si pertencente à sua essência, eu o sei confirmado então não na *religião*, mas, antes, na religião *aniquilada, suprassumida*.

Em Hegel, por conseguinte, a negação da negação é não a confirmação da verdadeira essência, justamente pela negação da essência aparente, mas a confirmação da essência aparente ou da essência estranhada de si em sua negação ou a negação dessa essência aparente enquanto uma essência objetiva, a habitar fora do ser humano e dele independente, e sua transformação no sujeito.

Daí o *suprassumir* – no qual estão vinculadas a negação e a conservação, a afirmação – desempenhar um papel peculiar.

Assim, por exemplo, na filosofia do direito de Hegel, o *direito privado* suprassumido é = *moral*, a moral suprassumida é = *família*, a família suprassumida é = *sociedade civil*, a sociedade civil suprassumida é = *Estado*, o Estado suprassumido é = *história universal*. Na *efetividade* continuam a subsistir direito privado, moral, família, sociedade civil, Estado etc., só que eles se tornaram *momentos*, existências e modos de existência do ser humano que não vigoram isoladamente, que se decompõem e se produzem reciprocamente etc., *momentos do movimento*.

Na sua existência efetiva está oculta essa sua essência *móvel*. À luz, à revelação, só se chega no pensar, na filosofia, e por isso minha verdadeira existência religiosa é minha existência *filosófico-religiosa*, minha verdadeira existência política é minha existência *filosófico-jurídica*, minha verdadeira existência natural é a existência *filosófico-natural*, minha verdadeira existência artística é a existência *filosófico-artística*, minha verdadeira existência humana é minha existência *filosófica*. Do mesmo modo, a verdadeira existência da religião, do Estado, da natureza, da arte é: a *filosofia* da religião, da natureza, do Estado, da arte. Mas se apenas a filosofia da religião etc. é a verdadeira existência da religião para mim, então também sou verdadeiramente religioso apenas enquanto *filósofo da religião* e, assim, renego a religiosidade *efetiva* e os seres humanos efetivamente *religiosos*. Só que ao mesmo tempo os *confirmo*, em parte no interior da minha própria existência ou no interior da existência alheia que lhes contraponho, pois esta *é* apenas sua expressão *filosófica*; em parte na sua forma original peculiar, pois vigoram para mim como o ser-outro apenas *aparente*, como alegorias, formas ocultas sob invólucros sensíveis da sua própria existência verdadeira, *id est*, da minha existência *filosófica*.

Do mesmo modo, a *qualidade* suprassumida é = *quantidade*, a quantidade suprassumida é = *medida*, a medida suprassumida é = *essência*, a essência suprassumida é = *fenômeno*, o fenômeno suprassumido é = *efetividade*, a efetividade suprassumida é = *conceito*, o conceito suprassumido é = *objetividade*, a objetividade suprassumida é = *ideia absoluta*, a ideia absoluta suprassumida é = *natureza*, a natureza suprassumida é = espírito *subjetivo*, o espírito subjetivo suprassumido é = espírito objetivo *ético*, o espírito ético suprassumido é = *arte*, a arte suprassumida é = *religião*, a religião suprassumida é = *saber absoluto*.

Por um lado, esse suprassumir é um suprassumir do ser pensado; ou seja, a propriedade privada *pensada* suprassume-se no *pensamento* da moral. E porque o pensar se imagina ser imediatamente o outro de seu si, *efetividade sensível*, ou seja, porque sua ação é considerada por ele também como ação sensível efetiva, então esse suprassumir pensante, que deixa seu objeto ficar na efetividade, acredita efetivamente tê-lo superado, e, por outro lado, porque se lhe tornou momento do pensamento, também é considerado por ele, em sua efetividade, como autoconfirmação de seu si mesmo, da consciência-de-si, da abstração.

||XXX| Daí a existência que Hegel *suprassume* na filosofia ser, por esse lado, não a religião *efetiva*, o Estado, a natureza, mas a religião mesma já como um objeto do saber, a *dogmática*, assim como a *jurisprudência*, a *ciência do Estado*, a *ciência natural*. Por esse lado, então, ele se encontra em oposição tanto à essência *efetiva* quanto à *ciência* imediata infilosófica ou aos *conceitos* infilosóficos dessa essência. Ele contradiz, por conseguinte, seus conceitos usuais.

Por outro lado, o ser humano religioso etc. pode encontrar, em Hegel, sua confirmação última.

Agora, devem ser apreendidos os momentos *positivos* da dialética hegeliana – no interior da determinação do estranhamento.

a) O *suprassumir* como movimento objetivo a *retomar* em si a alienação. – É essa, expressa no interior do estranhamento, a intelecção da *apropriação* do ser objetivo por meio da suprassunção do seu estranhamento, a estranhada intelecção na *objetivação efetiva* do ser humano, na apropriação efetiva do seu ser objetivo por meio da aniquilação da determinação *estranhada* do mundo objetivo, por meio da sua suprassunção, na sua existência estranhada, assim como o ateísmo, enquanto suprassunção de Deus, é o vir-a-ser do humanismo teórico; o comunismo, enquanto suprassunção da propriedade privada, é a vindicação da vida humana efetiva enquanto sua propriedade; o vir-a-ser do humanismo prático, ou o ateísmo, é o humanismo consigo intermediado pela suprassunção da religião; o comunismo é o humanismo consigo intermediado pela suprassunção da propriedade privada. Só por meio da suprassunção dessa intermediação – mas que é um pressuposto necessário – vem a ser o humanismo *positivo*, que começa positivamente de si mesmo.

Mas ateísmo e comunismo não são nenhuma fuga, nenhuma abstração, nenhum perder do mundo objetivo engendrado pelo ser humano, suas forças essenciais nascidas para a objetividade, nenhuma pobreza a retornar à simplicidade desnatural, indesenvolvida. Antes, são apenas o vir-a-ser efetivo, a efetivação que, para o ser humano, veio a ser efetivamente, da sua essência, ou da sua essência enquanto efetiva.

Portanto, na medida em que aprende o sentido positivo da negação referente a si mesma – ainda que novamente de maneira estranhada –, Hegel aprende o autoestranhamento, a alienação da essência, a desobjetivação e a desefetivação do ser humano como autoganho, externação da essência, objetivação, efetivação. ⟨Em suma, ele aprende – dentro da abstração – o trabalho como o ato de *autoprodução* do ser humano, o comportar-se consigo como essência estranha, e o atuar seu como o de um ser estranho, como *consciência* e *vida genéricas* que vêm a ser.⟩

b) Mas em Hegel – independentemente ou, antes, como consequência da inversão já descrita – esse ato aparece, em primeiro lugar, como um ato *apenas formal* porque considerado abstrato, porque o ser humano mesmo é considerado apenas como *ser abstrato pensante*, como consciência-de-si; e visto que a apreensão é *formal* e *abstrata*, em segundo lugar, a suprassunção da alienação se torna uma confirmação da alienação, ou, para Hegel, aquele movimento do *autoproduzir*, do *auto-objetivar* como *autoalienação e autoestranhamento* é a *absoluta* e, por isso, a última *externação de vida humana*, chegada à sua essência, a ter a si mesma como finalidade e atenuada em si.

Esse movimento, em sua ||XXXI| forma abstrata como dialética, é, por conseguinte, considerado a *vida verdadeiramente humana*, e porque é mesmo uma abstração, um estranhamento da vida humana, ela é considerada processo divino, mas o *processo divino* do ser humano – um processo pelo qual passa sua essência absoluta mesma, pura, abstrata, dele distinto.

Em terceiro lugar: esse processo tem de ter um portador, um sujeito; mas o sujeito só vem a ser como resultado; esse resultado, o sujeito que sabe de si como consciência-de-si absoluta, é, por conseguinte, o *Deus, espírito absoluto, a ideia que sabe de si e atua*. O ser humano efetivo e a natureza efetiva se tornam meros predicados, símbolos desse ser humano oculto inefetivo e dessa natureza inefetiva. Por conseguinte, sujeito e predicado têm, um com o outro, a relação de uma absoluta inversão, *sujeito-objeto místico* ou *subjetividade a se sobrepor ao objeto*, o *sujeito absoluto* como um *processo*, como *sujeito* a se alienar e a retornar a si desde a alienação, mas ao mesmo tempo a retomá-la em si, e o sujeito como esse processo; a pura, *incansável* circulação em si.

Primeiro. Apreensão *formal e abstrata* do ato de autoprodução ou de auto-objetivação do ser humano.

O objeto estranhado, a efetividade essencial estranhada do ser humano – visto que Hegel estabelece o ser humano [como] = consciência-de-si –, não é nada senão consciência, apenas o pensamento do estranhamento, sua expressão *abstrata* e, por isso, sem conteúdo e inefetiva, a *negação*. Daí a suprassunção da alienação também não ser nada senão uma suprassunção abstrata, sem conteúdo, daquela abstração sem conteúdo, a *negação da negação*. A atividade plena de conteúdo, viva, sensível, concreta da auto-objetivação se torna, por conseguinte, sua mera abstração, a *negatividade absoluta*, uma abstração que, em turno, é fixada como tal e é pensada como uma atividade independente, como a atividade pura e simples. Visto que essa assim denominada negatividade não é nada senão a forma *abstrata, sem conteúdo*, daquele ato vivo efetivo, então o seu conteúdo também só pode ser um conteúdo *formal*, engendrado pela abstração de todo conteúdo. Daí as formas de pensamento, as categorias lógicas, as *formas da abstração* universais, abstratas, pertencentes a qualquer conteúdo – justamente por isso, também, tanto indiferentes a todo conteúdo como válidas para cada conteúdo – serem arrancadas do espírito *efetivo* e da natureza *efetiva*. (Desenvolveremos mais abaixo o conteúdo *lógico* da negatividade absoluta.)

O positivo que Hegel logrou aqui – na sua lógica especulativa – é que os *conceitos determinados*, as *formas de pensamento fixas* universais, em sua independência com relação à natureza e ao espírito, são um resultado necessário do estranhamento universal da essência humana, portanto também do pensar humano, e que Hegel os expôs e os resumiu, por conseguinte, como momentos do processo de abstração. Por exemplo, o ser suprassumido é essência; a essência suprassumida, conceito; o conceito suprassumido... ideia absoluta. Mas o que é então a ideia absoluta? Ela novamente se suprassume a si mesma quando não quer tornar a passar por todo o ato de abstração nem se contentar em ser uma totalidade de abstrações ou a abstração que apreende a si. Mas a abstração que se apreende como abstração sabe de si como nada; ela, a abstração, tem de renunciar a si, e assim ela chega a um ser que é justamente o seu contrário, à *natureza*. Toda a lógica, portanto, é a prova de que o pensar abstrato, por si, nada é, a prova de que a ideia absoluta, por si, nada é, a prova de que só a *natureza* é algo.

||XXXII| A ideia absoluta, a ideia abstrata, que

> "*considerada* em sua unidade consigo é *intuir*" (*Enciclopédia* de Hegel, 3ª edição, p. 222), que (l. c.) "na verdade absoluta de si mesma se *decide* por livremente *deixar sair de si* o momento da sua particularidade ou do primeiro determinar e ser-outro, a *ideia imediata*, como seu reflexo, como natureza" (l. c.),

toda essa ideia, a se colocar de modo tão singular e barroco, que causou aos hegelianos dores de cabeça enormes, não é outra coisa senão a *abstração*, isto é, o pensador abstrato, que, escaldado pela experiência e esclarecido quanto à sua verdade, decide-se, sob algumas condições – falsas e mesmo ainda abstratas –, por *renunciar a si* e por colocar seu ser-outro, o particular, o determinado, no lugar do seu estar-junto-de-si, ser-nada, da sua universalidade e da sua indeterminidade, por *livremente deixar sair de si* a *natureza* que ocultava em si apenas como abstração, como coisa de pensamento, isto é, por abandonar a abstração e enfim contemplar a natureza *livre* dela. A ideia abstrata, que imediatamente se torna *intuir*, não é outra coisa senão o pensar abstrato que renuncia a si e se decide pela *intuição*. Toda essa transição, da lógica para a filosofia da natureza, não é nada senão a transição do *abstrair* para o *intuir* – tão difícil de executar para o pensador abstrato e, por conseguinte, descrita por ele tão excentricamente. O sentimento *místico* que impele o filósofo a passar do pensar abstrato ao intuir é o *tédio*, o anseio por um conteúdo.

(O ser humano estranhado de si mesmo também é o pensador estranhado da sua *essência*, isto é, da essência natural e humana. Por conseguinte, seus pensamentos são espíritos fixos a habitar fora da natureza e do ser humano. Hegel, em sua lógica, cingiu todos esses espíritos fixos, cada um dos mesmos apreendido ora como negação, isto é, como *alienação* do pensar *humano*, depois como negação da negação, isto é, como suprassunção dessa alienação, como externação *efetiva* do pensar humano; aqui, porém, essa negação da negação – enquanto ainda cativada, mesmo no seu estranhamento – é em parte o restabelecer da mesma em seu estranhamento, em parte o permanecer no último ato, o referir-se-a-si na alienação como a verdadeira existência desses espíritos fixos[5]; em parte – na medida em que essa abstração se apreende a si mesma e sente um tédio infinito

---

5 (Isto é – Hegel põe no lugar dessas abstrações fixas o ato de abstração circundante em si; com isso, ele tem, por um lado, o mérito de ter demonstrado os locais de nascimento de todos esses conceitos inoportunos, pertencentes, a considerar sua data original, a filósofos particulares, tê-los resumido e, ao invés de uma abstração determinada, haver criado, como objeto da crítica, a abstração exaurida em todo o seu âmbito), (por que Hegel separa o pensar do *sujeito*, isso veremos mais tarde; mas agora já está claro que, se o ser humano não é, então sua externação de essência também não pode ser humana, ou seja, o pensar também não podia ser apreendido como externação de essência do ser humano como um sujeito humano e natural, com olhos, ouvidos etc. vivendo na sociedade e no mundo e na natureza.)

em relação a si mesma –, a renúncia do pensar abstrato, a se movimentar apenas no pensar, que é sem olhos, sem dentes, sem ouvidos, sem nada, aparece em Hegel como decisão de reconhecer a *natureza* como essência e de se dedicar à intuição.)

||XXXIII| Mas, tomada abstratamente, para si, fixada na separação do ser humano, a *natureza*, para o ser humano, também é *nada*. É evidente que o pensador abstrato, que se decidiu pelo intuir, intua-a abstratamente. Assim como a natureza era encerrada pelo pensador em sua forma oculta e enigmática para ele mesmo – como ideia absoluta, como coisa de pensamento –, ele na verdade, na medida em que a deixou ir de si, deixou ir de si apenas essa natureza *abstrata*, apenas a *coisa de pensamento* da natureza –, mas então com o significado de que ela é o ser-outro do pensamento, de que ela é a natureza efetiva intuída, distinguida do pensar abstrato. Ou, para falar uma linguagem humana, o pensador abstrato, em sua intuição da natureza, tem experiência de que os seres que ele, na dialética divina, visava criar do nada, da pura abstração, como produtos puros do trabalho do pensar a urdir em si mesmo e que em nenhuma circunstância olha em direção à efetividade, não são nada além de *abstrações* de *determinações da natureza*. Assim, apenas em uma forma sensível, externa, a natureza toda lhe repete as abstrações lógicas. – Ela e essas abstrações tornam a ser *analisadas* por ele. Sua intuição da natureza, portanto, é apenas o ato de confirmação da sua abstração da intuição da natureza, o curso gerador da sua abstração repetido por ele com consciência. Assim, por exemplo, o tempo é = negatividade que se refere a si (p. 238, l. c.). Ao vir-a-ser suprassumido como existência corresponde – em forma natural – o movimento suprassumido como matéria. A luz é – a forma *natural – a reflexão* em *si*. O corpo, como *lua e*

cometa, é – a forma *natural* – da *oposição* que segundo a lógica é, por um lado, o *positivo a repousar sobre si mesmo*; por outro, o *negativo* a repousar sobre si mesmo. A Terra é a forma *natural* do *fundamento* lógico, enquanto unidade negativa da oposição etc.

A *natureza enquanto natureza*, isto é, na medida em que ela ainda se distingue sensivelmente daquele sentido secreto, nela oculto – a natureza separada, distinguida dessas abstrações –, é *nada*, um *nada a se comprovar como nada, é sem sentido* ou tem apenas o sentido de uma externalidade que deva ser suprassumida.

> "No ponto de vista final-*teleológico* encontra-se o pressuposto correto de que a natureza não contém em si mesma a finalidade absoluta" (p. 225).

Sua finalidade é a confirmação da abstração.

> "A natureza se deu como a ideia na *forma* do *ser-outro*. Visto que a *ideia*, assim, é como o negativo de si mesma ou *externa a si*, a natureza não é externa, ela é apenas relativamente contrária a essa ideia; antes, a *externalidade* constitui a determinação na qual ela é enquanto natureza" (p. 227).

A *externalidade*, aqui, deve ser compreendida não como a *sensibilidade* a se *externar* e aberta à luz, ao ser humano sensível. A externalidade, aqui, deve ser tomada no sentido de alienação, de um erro, de um defeito que não deve ser. Pois o verdadeiro ainda é a ideia. A natureza é apenas a forma do seu *ser-outro*. E, visto que o pensar abstrato é a *essência*, isso que lhe é externo é, em sua essência, apenas algo de *externo*. O pensador abstrato, ao mesmo tempo, reconhece que a *sensibilidade* é a essência da natureza, a *externalidade* em oposição ao pensar a urdir em *si*. Ao mesmo tempo, porém, ele expressa essa oposição de modo que essa *externalidade da natureza* seja sua *oposição* ao pensar, sua *insuficiência*; de modo que ela, na medida em que se distingue da abstração, seja um ser insuficiente. ||XXXIV| Um ser insuficiente em si mesmo – não apenas para mim, aos meus olhos – tem, fora de si, algo que lhe falta. Isto é, sua essência é algo distinto dele mesmo. Para o pensador abstrato, por conseguinte, a natureza tem de se suprassumir a si mesma porque já é estabelecida por ele como um ser *suprassumido* em potência.

> "O espírito tem, *para nós, a natureza* como seu *pressuposto*, cuja *verdade* e, com isso, cujo *primeiro absoluto* ele é. Nessa verdade, a natureza se *desvaneceu*, e o espírito se deu como a ideia que chegou ao seu ser-para-si, cujo *objeto*, assim como o *sujeito*, é o *conceito*. Essa identidade é *negatividade absoluta* porque o conceito tem na natureza sua objetividade externa plena, mas essa sua alienação é suprassumida, e nesta ele se tornou idêntico a si mesmo. Assim, ele é essa identidade apenas enquanto retorno a partir da natureza" (p. 392).
> "O *revelar*, que, enquanto a *ideia abstrata*, é transição imediata, *vir-a-ser* da natureza, é – enquanto revelar do espírito que é livre – *pôr* a natureza como seu mundo; um pôr que, como reflexão, é ao mesmo tempo *pressupor* do mundo como natureza independente. O revelar no conceito é criar do mesmo como ser seu, no qual ele confere a si a *afirmação* e a *verdade* da sua liberdade." "O *absoluto é o espírito*: essa é a definição mais elevada do absoluto." |XXXIV||

Glossário

Aufhebung – suprassunção

äußerlich – externo

Äußerung – externação

Bedürfnis – carência

Dingheit – coisidade

Entäußerung – alienação

Entfremdung – estranhamento

Gattungswesen – ser genérico

Geldzins – juro monetário

Gewinn – ganho

Grundeigentümer – proprietário fundiário

Grundrente – renda fundiária

Notwendigkeit – necessidade

Profit – lucro

sachlich – material

Selbstbewusstsein – consciência-de-si

selbstisch – do si

Überarbeitung – sobretrabalho

Überproduktion – sobreprodução

Unwesen – inessência

Veräußerung – venda

Werden – vir-a-ser

Wirklichkeit – efetividade

Notas

1. As passagens entre ⟨ ⟩ são encontradas no manuscrito com algum tipo de rasura, razão pela qual algumas delas não foram incluídas em *Marx-Engels-Gesamtausgabe* (MEGA). As inserções "[...]" referem-se a partes danificadas ou incompreensíveis do manuscrito. As inserções feitas entre colchetes no texto principal são sugestões para facilitar o entendimento das passagens incompletas. Os títulos e subtítulos dos capítulos entre colchetes foram apropriados da edição alemã que serviu de base para esta tradução.

2. Em francês no original: *simple humanité*. Nos manuscritos, Marx sempre faz referência à tradução francesa de *Riqueza das nações*. Aqui optamos por utilizar a tradução já estabelecida em português do uso smithiano de *common humanity*. Para manter a uniformidade conceitual, as citações em francês encontradas no manuscrito (reproduzidas nas notas a seguir) foram comparadas com o original de Smith e, em alguns casos, a tradução das passagens para o português foi adaptada a partir também do texto em inglês.

3. *ouvrier.*

4. *aucune ne souffre aussi cruellement de son déclin que la classe des ouvriers.*

5. *Pour vivre donc, les non-propriétaires sont obligés de se mettre directement au indirectement* au service *des propriétaires, c.-à-d. sous leur dépendance.*

6. *Domestiques – gages; ouvriers – salaires; employés – traitement ou émoluments?*

7. *louer son travail, prêter son travail a l'intérêt, travailler à la place d'autrui.*

8. *louer la matière du travail, prêter la matière du travail a l'intérêt, faire travailler autrui à sa place.*

9. *cette constitution économique condamne les hommes à des métiers tellement abjects, à une dégradation tellement désolante et amère, que la sauvagerie apparaît, en comparaison, comme une royale condition.*

10. *la prostitution de la chair non-propriétaire sous toutes les formes.*

11. *femmes d'une vertu douteuse.*

12. *La moyenne vie de ces infortunées créatures sur le pavé, après qu'elles sont entrées dans la carrière du vice, est d'environ six ou sept ans. De manière que pour maintenir le nombre de 60 à 70 000 prostituées, il doit y avoir, dans les 3 royaumes, au moins 8 à 9000 femmes qui se vouent à cet infâme métier chaque année, ou environ vingt-quatre nouvelles victimes par jour, ce qui est la moyenne d'une par heure; et conséquemment, si la même proportion à lieu sur toute la surface du globe, il doit y avoir constamment un millionnait demi de ces malheureuses.*

13. *La population des misérables? croît avec leur misère, et c'est à la limite extrême du dénuement que les êtres humains se pressent en plus grand nombre pour se disputer le droit de souffrir... En 1821, la population de l'Irlande était de 6801827. En 1831, elle s'était élevée à 7764010; c'est 14 p.% d'augmentation en dix ans. Dans le Leinster, province où il y a le plus d'aisance, la population n'a augmenté que de 8 p.%, tandis que, dans le Connaught, province la plus misérable, l'augmentation s'est élevée a 21 p.%.*

14. *La population des misérables? croît avec leur misère, et c'est à la limite extrême du dénuement que les êtres humains se pressent en plus grand nombre pour se disputer le droit de souffrir... En 1821, la population de l'Irlande était de 6801827. En 1831, elle s'était élevée à 7764010; c'est 14 p.% d'augmentation en dix ans. Dans le*

Leinster, province où il y a le plus d'aisance, la population n'a augmenté que de 8 p.%, tandis que, dans le Connaught, province la plus misérable, l'augmentation s'est élevée a 21 p.%.

15. *comme marchandise, le travail doit de plus en plus baisser de prix.*

16. *...la population ouvrière, marchande de travail, est forcément réduite a la plus faible part du produit... la théorie du travail marchandise est-elle autre chose qu'une théorie de servitude déguisée?*

17. *Pourquoi donc n'avoir vu dans le travail qu'une valeur d'échange?*

18. *Le travailleur n'est point vis-à-vis de celui qui l'emploie dans la position d'un libre vendeur... le capitaliste est toujours libre d'employer le travail, et l'ouvrier est toujours force de le vendre. La valeur du travail est complètement détruite, s'il n'est pas vendu à chaque instant. Le travail n'est susceptible ni d'accumulation, ni même d'épargne, à la différence des véritables. Le travail c'est la vie, et si la vie ne s'échange pas chaque jour contre des aliments, elle souffre et périt bientôt. Pour que la vie de l'homme soit une marchandise, il faut donc admettre l'esclavage.*

19. *"le libre résultat d'un libre marché"*

20. *abaisse à la fois et le prix et la rémunération du travail; il perfectionne l'ouvrier et dégrade l'homme.*

21. *L'industrie est devenue une guerre et le commerce un jeu.*

22. *Les machines à travailler le coton.*

23. *elle a prodigué la vie des hommes qui composaient son armée avec autant d'indifférence que les grands conquérants. Son but était la possession de la richesse, et non le bonheur des hommes.*

24. *Ces intérêts, librement abandonnés a eux-mêmes ... doivent nécessairement entrer en conflit; ils n'ont d'autre arbitre que la guerre, et les décisions de la guerre donnent aux uns la défaite et la mort, pour donner aux autres*

la Victoire ... C'est dans le conflit des forces opposées que la science cherche l'ordre et l'équilibre: la guerre perpétuelle *est selon elle le seul moyen d'obtenir la paix; cette guerre s'appelle la concurrence.*

25. *dévouement.*

26. *Nous avons la conviction ... partagée par les commissaires charges de l'enquête sur la condition des tisserands à la main, que les grandes villes industrielles perdraient, en peu de temps, leur population de travailleurs, si elles ne recevaient, à chaque instant des campagnes voisines, des recrues continuelles d'hommes sains, de sang nouveau.*

27. *Une certaine quantité de* travail amassé et *mis en réserve.*

28. Nos manuscritos, Marx usa o termo "*fonds*" – sempre traduzido aqui por "fundos" –, que a tradução francesa de *Riqueza das nações* utiliza em referência não apenas ao termo inglês "*funds*", mas também a "*stock*".

29. *un profit honnête, modéré, raisonnable.*

30. *le bénéfice net.*

31. *risque.*

32. *fonds à prêter à intérêt.*

33. No original, Marx sempre faz uso de "*capital fixe*" e "*capital circulant*", que na tradução francesa de *Riqueza das nações* são utilizados em referência a "*fixed capital*" e a "*circulating capital*".

34. *On sait que les travaux da la grande culture n'occupent habituellement qu'un petit nombre de bras.*

35. *Louer son travail, c'est commencer son esclavage; louer la matière du travail, c'est constituer sa liberté ... Le travail est l'homme, la matière au contraire n'est rien de l'homme.*

36. *L'élément matière, qui ne peut rien pour la création de la richesse sans l'autre élément travail, reçoit la vertu magique d'être fécond pour eux comme s'ils y avaient mis de leur propre fait cet indispensable élément.*

37. *En supposant que le travail quotidien d'un ouvrier lui rapporte en moyenne 400 fr. par an, et que cette somme suffise à chaque adulte pour vivre d'une vie grossière, tout propriétaire de 2000 fr. de rente, de fermage, de loyer, etc., force donc indirectement 5 hommes à travailler pour lui; 100000 fr. de rente représentent le travail de 250 hommes, et 1000000 le travail de 2500 individus.*

38. *Les propriétaires ont reçu de la loi des hommes le droit d'user et d'abuser, c.-à-d. de faire ce qu'ils veulent de la matière de tout travail... ils ne sont nullement obligés par la loi de fournir à propos et toujours du travail aux non-propriétaires, ni de leur payer un salaire toujours suffisant etc.*

39. *Liberté entière quant à la nature, à la quantité, à la qualité, à l'opportunité de la production, à l'usage, à la consommation des richesses, à la disposition de la matière de tout travail. Chacun est libre d'échanger sa chose comme il l'entend, sans autre considération que son propre intérêt d'individu.*

40. *La concurrence n'exprime pas autre chose que l'échange facultatif, qui lui-même est la conséquence prochaine et logique du droit individuel d'user et d'abuser des Instruments de toute production. Ces trois moments économiques, lesquels n'en font qu'un: le droit d'user et d'abuser, la liberté d'échanges et la concurrence arbitraire, entraînent les conséquences suivantes: chacun produit ce qu'il veut, comme il veut, quand il veut, où il veut; produit bien ou produit mal, trop ou pas assez, trop tôt ou trop tard, trop cher ou à trop bas prix; chacun ignore s'il vendra, à qui il vendra, comment il vendra, quand il vendra, où il vendra: et il en est de même quant aux achats. Le producteur ignore les besoins et les ressources, les demandes et les offres ... Il vend quand il veut, quand il peut, où il veut, à qui il veut, au prix qu'il veut. Et il achète de même. En tout cela, il est toujours le jouet du hasard, l'esclave de la loi du plus fort, du moins presse, du plus riche... Tandis que sur un point il y a disette d'une richesse, sur l'autre il y a trop-plein et gaspillage. Tandis qu'un producteur vend beaucoup ou très cher, et à bénéfice*

énorme, l'autre ne vend rien ou vend à perte ... L'offre ignore la demande, et la demande ignore l'offre. Vous produisez sur la foi d'un goût, d'une mode qui se manifeste dans le public des consommateurs; mais déjà, lorsque vous êtes prêts à livrer la marchandise, la fantaisie a passé et s'est fixée sur un autre genre de produit... conséquences infaillibles la permanence et l'universalisation des banqueroutes, les mécomptes, les ruines subites et les fortunes improvisées; les crises commerciales, les chômages, les encombrements ou les disettes périodiques; l'instabilité et l'avilissement des salaires et des profits; la déperdition ou le gaspillage énorme de richesses, de temps et d'efforts dans l'arène d'une concurrence acharnée.

41. *Il serait tout-à-fait indifférent pour une personne qui sur un capital de 20000 fr. ferait 2000 fr. par an de profit, que son capital employât cent hommes ou mille... L'intérêt réel d'une nation n'est-il pas le même? pourvu que son revenu net et réel, et que ses fermages et ses profits soient les mêmes, qu'importe qu'elle se compose de dix ou de douze millions d'individus? ... En vérité, dit M. de Sismondi (t, II, p.331), il ne reste plus qu'à désirer que le roi, demeuré tout seul dans l'île, en tournant constamment une manivelle, fasse accomplir, par des automates, tout l'ouvrage de l'Angleterre.*

42. *Le maître, qui achète le travail de l'ouvrier à un prix si bas, qu'il suffit à peine aux besoins les plus pressants, n'est responsable ni de l'insuffisance des salaires, ni de la trop longue durée du travail: il subit lui-même la loi qu'il impose ... ce n'est pas tant des hommes que vient la misère, que de la puissance des choses.*

43. *Pour augmenter la valeur du produit annuel de la terre et du travail, il n'y a pas d'autres moyens que d'augmenter, quant au nombre, les ouvriers productifs, ou d'augmenter, quant à la puissance, la faculté productive des ouvriers précédemment employés... Dans l'un et dans l'autre cas il faut presque toujours un surcroît de capital.*

44. *ouvriers.*

45. *loyer.*

46. *prêteur sur gages.*

47. *Revenu net et brut.*

48. *nulle terre sans maître.*

49. *nulle terre sans seigneur.*

50. *l'argent n'a pas de maître.*

51. Segundo a edição alemã, aqui é interrompido o primeiro manuscrito, que não chegou a ser concluído por Marx.

52. Marx utiliza, aqui, o termo *Weibergemeinschaft* e se refere não a uma comunidade ou a uma união de mulheres, ao contrário do que pode sugerir o uso de *Gemeinschaft*. Com isso, nota-se no uso do termo no *Manifesto*: "Os ditados burgueses sobre família e educação, sobre a relação familiar entre pais e filhos, tornam-se tanto mais repugnantes quanto mais, em virtude da grande indústria, todos os laços familiares são rompidos para os proletários, e as crianças são transformadas em simples artigos do comércio e instrumentos de trabalho. Mas vocês comunistas querem introduzir a coletivização das mulheres! [*Aber ihr Kommunisten wollt die Weibergemeinschaft einführen*] – clama toda a burguesia em coro, contra nós. O burguês vê em sua esposa um mero instrumento de produção. Ele ouve que os instrumentos de produção devem ser explorados de modo coletivizado, e naturalmente não consegue pensar em nenhuma outra coisa senão que a loteria da comunalidade recairá também sobre as mulheres. Ele não suspeita que se trata justamente de abolir a posição das mulheres como meros instrumentos de produção. A propósito, nada é mais ridículo do que o horror altamente moral da nossa burguesia quanto à suposta coletivização das mulheres oficial dos comunistas. Os comunistas não precisam introduzir a coletivização das mulheres. Ela quase sempre existiu. Nossos burgueses, não satisfeitos em ter as esposas e as filhas de seus proletários à sua disposição, sem falar na prostituição

oficial, encontram um prazer maior em seduzir mutuamente suas esposas. O matrimônio burguês é, na realidade, a coletivização das esposas. Poder-se-ia acusar os comunistas no máximo de querer introduzir uma coletivização das esposas oficial franca no lugar de uma hipocritamente dissimulada. Aliás, é evidente que, com a abolição das atuais relações de produção, a coletivização das mulheres que deriva daquelas, ou seja, a prostituição oficial e não oficial, também irá desaparecer" (K. Marx & F. Engels, "Manifest der Kommunistischen Partei", *Werke*, Band 4, p. 478-479).

53. *Ouvriers*.

54. Neste parágrafo, Marx utiliza o termo francês *demande*.

Vozes de Bolso

- *Assim falava Zaratustra* – Friedrich Nietzsche
- *O Príncipe* – Nicolau Maquiavel
- *Confissões* – Santo Agostinho
- *Brasil: nunca mais* – Mitra Arquidiocesana de São Paulo
- *A arte da guerra* – Sun Tzu
- *O conceito de angústia* – Søren Aabye Kierkegaard
- *Manifesto do Partido Comunista* – Friedrich Engels e Karl Marx
- *Imitação de Cristo* – Tomás de Kempis
- *O homem à procura de si mesmo* – Rollo May
- *O existencialismo é um humanismo* – Jean-Paul Sartre
- *Além do bem e do mal* – Friedrich Nietzsche
- *O abolicionismo* – Joaquim Nabuco
- *Filoteia* – São Francisco de Sales
- *Jesus Cristo Libertador* – Leonardo Boff
- *A Cidade de Deus – Parte I* – Santo Agostinho
- *A Cidade de Deus – Parte II* – Santo Agostinho
- *O conceito de ironia constantemente referido a Sócrates* – Søren Aabye Kierkegaard
- *Tratado sobre a clemência* – Sêneca
- *O ente e a essência* – Santo Tomás de Aquino
- *Sobre a potencialidade da alma* – De quantitate animae – Santo Agostinho
- *Sobre a vida feliz* – Santo Agostinho
- *Contra os acadêmicos* – Santo Agostinho
- *A Cidade do Sol* – Tommaso Campanella
- *Crepúsculo dos ídolos ou Como se filosofa com o martelo* – Friedrich Nietzsche
- *A essência da filosofia* – Wilhelm Dilthey
- *Elogio da loucura* – Erasmo de Roterdã
- *Utopia* – Thomas Morus
- *Do contrato social* – Jean-Jacques Rousseau
- *Discurso sobre a economia política* – Jean-Jacques Rousseau
- *Vontade de potência* – Friedrich Nietzsche
- *A genealogia da moral* – Friedrich Nietzsche
- *O banquete* – Platão
- *Os pensadores originários* – Anaximandro, Parmênides, Heráclito
- *A arte de ter razão* – Arthur Schopenhauer
- *Discurso sobre o método* – René Descartes
- *Que é isto – A filosofia?* – Martin Heidegger
- *Identidade e diferença* – Martin Heidegger
- *Sobre a mentira* – Santo Agostinho
- *Da arte da guerra* – Nicolau Maquiavel
- *Os direitos do homem* – Thomas Paine
- *Sobre a liberdade* – John Stuart Mill

- *Defensor menor* – Marsílio de Pádua
- *Tratado sobre o regime e o governo da cidade de Florença* – J. Savonarola
- *Primeiros princípios metafísicos da Doutrina do Direito* – Immanuel Kant
- *Carta sobre a tolerância* – John Locke
- *A desobediência civil* – Henry David Thoureau
- *A ideologia alemã* – Karl Marx e Friedrich Engels
- *O conspirador* – Nicolau Maquiavel
- *Discurso de metafísica* – Gottfried Wilhelm Leibniz
- *Segundo tratado sobre o governo civil e outros escritos* – John Locke
- *Miséria da filosofia* – Karl Marx
- *Escritos seletos* – Martinho Lutero
- *Escritos seletos* – João Calvino
- *Que é a literatura?* – Jean-Paul Sartre
- *Dos delitos e das penas* – Cesare Beccaria
- *O anticristo* – Friedrich Nietzsche
- *À paz perpétua* – Immanuel Kant
- *A ética protestante e o espírito do capitalismo* – Max Weber
- *Apologia de Sócrates* – Platão
- *Da república* – Cícero
- *O socialismo humanista* – Che Guevara
- *Da alma* – Aristóteles
- *Heróis e maravilhas* – Jacques Le Goff
- *Breve tratado sobre Deus, o ser humano e sua felicidade* – Baruch de Espinosa
- *Sobre a brevidade da vida & Sobre o ócio* – Sêneca
- *A sujeição das mulheres* – John Stuart Mill
- *Viagem ao Brasil* – Hans Staden
- *Sobre a prudência* – Santo Tomás de Aquino
- *Discurso sobre a origem e os fundamentos da desigualdade entre os homens* – Jean-Jacques Rousseau
- *Cândido, ou o Otimismo* – Voltaire
- *Fédon* – Platão
- *Sobre como lidar consigo mesmo* – Arthur Schopenhauer
- *O discurso da servidão ou O contra um* – Étienne de La Boétie
- *Retórica* – Aristóteles
- *Manuscritos econômico-filosóficos* – Karl Marx
- *Sobre a tranquilidade da alma* – Sêneca

Conecte-se conosco:

- **f** facebook.com/editoravozes
- **◉** @editoravozes
- **🐦** @editora_vozes
- **▶** youtube.com/editoravozes
- **🟢** +55 24 99267-9864

www.vozes.com.br

Conheça nossas lojas:

www.livrariavozes.com.br

Belo Horizonte – Brasília – Campinas – Cuiabá – Curitiba
Fortaleza – Juiz de Fora – Petrópolis – Recife – São Paulo

EDITORA VOZES LTDA.
Rua Frei Luís, 100 – Centro – Cep 25689-900 – Petrópolis, RJ
Tel.: (24) 2233-9000 – E-mail: vendas@vozes.com.br